Un dîner presque parfait

PRESQUE

parfait

CUISINE ASIATIQUE

Laissez entrer l'exotisme dans vos assiettes, avec des saveurs venues d'Asie. En dehors des traditionnels plats chinois, lancez-vous dans la cuisine indienne, thaïlandaise ou même japonaise. Des plats inspirés des meilleures recettes des candidats qui vous feront voyager et séduiront vos invités.

Bon appétit !

NEMS DANS LE SILLAGE DU MÉKONG

Préparation : 1 h   Cuisson : 10 min   Difficulté : ★ ★   Coût : €

Les ingrédients
pour 20 nems :

- 20 galettes de riz
- 300 g de porc haché
- 100 g de vermicelles de soja
- 3 carottes
- 6 gros champignons noirs séchés
- 1 oignon
- 1 c. à s. de sucre
- 10 cl d'huile
- sel et poivre

1 Trempez 30 min les vermicelles et les champignons noirs dans de l'eau chaude.

2 Dans un wok, faites revenir l'oignon émincé et le porc haché. Ajoutez les carottes râpées, les champignons noirs et les vermicelles coupés en petits morceaux. Salez, poivrez et mélangez.

3 Dans une grande casserole ou une friteuse, faites chauffer l'huile à 170 °C. Trempez les galettes de riz une à une dans de l'eau chaude pendant quelques minutes puis égouttez-les et séchez-les bien sur une serviette en coton. Déposez la farce sur la galette et roulez-la.

4 Vérifiez la température de l'huile à l'aide d'un thermomètre de cuisson. Faites frire les nems une première fois dans l'huile pendant 3 min. Égouttez-les sur du papier absorbant, puis faites-les dorer dans une huile à 190 °C quelques minutes.

ŒUFS DE CAILLE MARBRÉS AU THÉ

Préparation : 15 min   Cuisson : 2 h 10   Difficulté : ★   Coût : €

Les ingrédients
pour 10 œufs :

- 10 œufs de caille
- 4 c. à s. de thé noir en vrac
- 2 c. à s. de quatre-épices
- 3 cl de sauce soja

1 Dans une casserole d'eau bouillante, faites cuire les œufs 10 min. Égouttez-les. Puis, avec le dos d'une cuillère, cassez les coquilles (sans les retirer), en veillant à étoiler l'ensemble de l'œuf.

2 Replacez les œufs dans la casserole, couvrez-les d'eau et ajoutez le mélange de quatre-épices et la sauce soja. Portez à ébullition et jetez le thé noir dans la casserole. Laissez cuire à feu doux pendant 2 h.

3 Laissez refroidir dans l'eau de cuisson pendant 3 h. Enfin, écalez délicatement les œufs.

TARTARE DE BAR AU YUZU

Préparation : 15 min   Difficulté : ★   Coût : €€

Les ingrédients
pour 4 personnes :

- 4 filets de bar
- 4 c. à s. de jus de yuzu
- 1 radis noir
- 4 pipettes ou cuillères de sauce soja

1 Coupez les filets de bar en fines lamelles ou en dés puis faites-les mariner dans le jus de yuzu.

2 Disposez chaque filet coupé et mariné dans une petite assiette et déposez un peu de radis noir râpé.

3 Placez à côté de chaque assiette une pipette ou une cuillère de sauce soja à verser au moment de la dégustation.

Astuce

Le yuzu est un fruit asiatique qui ressemble à un petit pamplemousse. Si vous avez du mal à en trouver, vous pouvez le remplacer par un citron vert.

BROCHETTES DE POULET SATAY ET ANANAS

Préparation : 15 min   Cuisson : 10 min   Difficulté : ★   Coût : €

Les ingrédients
pour 4 personnes :

- 600 g de blancs de poulet
- 1 ananas frais
- 15 cl de lait de coco
- 10 g de satay ou sate
- 1 c. à s. d'huile
- sel et poivre

1 Coupez le poulet en cubes. Puis laissez-le mariner dans le lait de coco et le satay mélangés pendant 2 h. Réservez au réfrigérateur.

2 Découpez également l'ananas en cubes de même grosseur que le poulet. Égouttez la viande et poêlez-la 5 min dans l'huile.

3 Préparez les brochettes en alternant un cube de poulet et un cube d'ananas.

4 Au dernier moment, réchauffez les brochettes dans une grande poêle. Salez et poivrez.

BOULETTES À LA THAÏLANDAISE

Préparation : 30 min   Cuisson : 20 min   Difficulté : ★   Coût : €

Les ingrédients
pour 4 personnes :

- 500 g de blancs de poulet
- 4 tranches de pain de mie
- 2 citrons verts
- 20 cl de coulis de tomates
- 1 œuf
- 10 cl de lait
- 1 échalote
- 2 gousses d'ail
- 1 c. à c. de gingembre frais râpé
- 2 c. à s. de coriandre fraîche ciselée
- 50 g de graines de sésame
- 10 cl d'huile d'olive
- sel et poivre

1 Mixez les blancs de poulet, l'ail et l'échalote épluchés, la coriandre, l'œuf et le pain trempé rapidement dans le lait et essoré. Séparez la préparation obtenue en boulettes, puis roulez-les dans les graines de sésame.

2 Dans une casserole, mélangez le coulis de tomate, le zeste de 1 citron et le gingembre râpés. Laissez mijoter 5 min et réservez au chaud.

3 Faites revenir les boulettes de poulet dans une sauteuse huilée à feu moyen. Interrompez la cuisson 2 fois pour déposer la viande sur du papier absorbant. Salez et poivrez.

4 Servez les boulettes accompagnées d'un quartier de citron vert et de la sauce tomate.

TARTARE DE THON AU GINGEMBRE

Préparation : 15 min   Difficulté : ★   Coût : €€

Les ingrédients
pour 5 personnes :

- 300 g de thon blanc
- 2 petites tomates
- le jus de ½ citron
- 3 c. à s. d'huile d'olive
- 2 c. à s. de sauce soja
- 1 c. à s. de coriandre ciselée
- 1 c. à s. de gingembre râpé

1 Taillez le thon en cubes. Coupez les tomates en deux et enlevez les pépins. Puis émincez la chair en petits dés.

2 Mélangez tous les ingrédients dans un saladier et réservez au frais pendant au moins 1 h.

3 Remplissez des ramequins avec la préparation et démoulez-les dans de petites assiettes que vous pouvez décorer de feuilles de coriandre.

SALADE DE PAPAYE VERTE

Préparation : 20 min   Cuisson : 15 min   Difficulté : ★   Coût : €€

Les ingrédients
pour 5 personnes :

- 1 papaye verte
- 3 carottes
- 25 crevettes crues
- 300 g de poitrine de porc
- 5 brins de menthe poivrée
- 1 tige de citronnelle
- 3 c. à s. de nuoc-mâm

1 Dans un court-bouillon, faites cuire les crevettes avec la tige de citronnelle pendant 5 min. Puis, réservez.

2 Faites revenir la poitrine de porc dans une poêle pendant 10 min et coupez-la en fines tranches.

3 Mélangez le tout avec la menthe ciselée, les carottes et la papaye râpées. Puis laissez reposer au réfrigérateur et servez bien frais arrosé de nuoc-mâm.

Histoire

En Asie, la papaye est considérée comme un légume lorsqu'elle est verte puis comme un fruit lorsqu'elle mûrit.

SUSHIS VARIÉS

Préparation : 25 min   Cuisson : 15 min   Difficulté : ★   Coût : €€

Les ingrédients
pour 4 personnes :

- 4 filets de poissons frais (saumon, thon, dorade, etc.) coupés en fines tranches
- 250 g de riz rond ou court
- 5 c. à s. de vinaigre de riz
- 15 cl de shoyu (sauce soja japonaise)
- 5 g de wasabi
- 40 g de gingembre confit au vinaigre
- 4 c. à s. de sucre
- 3 c. à c. de sel

1 Versez le riz dans un bol et recouvrez-le d'eau froide puis égouttez-le. Renouvelez l'opération en mélangeant le riz à la main. Laissez reposer 1 h.

2 Mettez le riz dans une casserole et versez 1 litre d'eau. Portez à ébullition et couvrez. Laissez cuire à feu doux pendant environ 15 min. Lorsqu'il n'y a plus d'eau à la surface, retirez la casserole du feu et mettez un torchon entre le couvercle et la casserole. Laissez reposer 15 min.

3 Dans une petite casserole, faites cuire le vinaigre du riz, le sucre et le sel pendant 2 min. Versez le vinaigre encore chaud sur le riz et mélangez.

4 Formez ensuite les sushis en serrant 1 boule de riz dans votre main et placez 1 tranche de poisson sur chaque sushi. À déguster avec du wasabi, du shoyu et du gingembre.

MAKIS VARIÉS

Préparation : 20 min   Cuisson : 15 min   Difficulté : ★ ★   Coût : €

Les ingrédients
pour 4 personnes :

- 1 feuille d'algue nori
- 60 g de filets de poissons frais (thon ou saumon)
- 60 g de riz rond ou court
- ½ avocat
- quelques feuilles de salade verte
- 15 cl de shoyu (sauce soja japonaise)
- 1 pincée de gingembre en poudre
- 5 g de wasabi
- 40 g de gingembre confit au vinaigre

1 Faites cuire le riz dans de l'eau bouillante environ 15 min avec la pincée de gingembre. Il faut qu'il soit collant. Égouttez le riz et laissez refroidir.

2 Découpez l'avocat et les poissons en lamelles. Disposez la feuille d'algue sur votre plan de travail. Avec le dos d'une cuillère à soupe, étalez le riz sur le côté mat de la feuille en laissant 2 cm en haut.

3 En bas de la feuille, placez la salade, les lamelles d'avocat et de poisson.

4 Roulez l'algue en la serrant au maximum (attention, il ne faut pas la casser). Laissez reposer au réfrigérateur 20 min puis découpez les makis. À déguster avec du wasabi, du shoyu et du gingembre.

FILETS DE DAURADE CRUE AUX AGRUMES

Préparation : 5 min   Difficulté : ★ ★   Coût : €€

Les ingrédients
pour 4 personnes :

- 600 g de filets de daurade
- 1 barquette de graines germées
- 1 poivron rouge
- le jus de 1 citron vert
- le jus de 1 citron jaune
- le jus de 1 orange
- 1 c. à c. de graines de coriandre
- 1 c. à s. d'huile d'olive
- sel et poivre

1 Découpez la daurade et le poivron rouge en dés et mettez-les dans un saladier. Prélevez la moitié du zeste de l'orange et émincez-le finement. Ajoutez dans le saladier les zestes et les graines de coriandre.

2 Pressez les jus des citrons et de l'orange. Puis, arrosez la préparation avec ces jus d'agrumes. Salez et poivrez. Mélangez et laissez mariner au réfrigérateur pendant 2 h.

3 Remplissez 4 verrines avec la préparation de daurade et recouvrez de graines germées. Servez frais.

CHEVEUX DE NEPTUNE

Préparation : 10 min   Cuisson : 35 min   Difficulté : ★   Coût : €

Les ingrédients
pour 4 personnes :

- 100 g d'izikis
- 1 gousse d'ail
- 1 échalote
- 2 c. à s. de shoyu
  (sauce soja japonaise)
- 1 c. à s. d'huile
  de sésame

1 Laissez gonfler les izikis 20 min dans de l'eau froide et faites-les cuire 20 min dans la même eau.

2 Égouttez bien les izikis. Dans une poêle, faites revenir l'ail et l'échalote hachés dans l'huile de sésame.

3 Ajoutez les algues et faites dorer environ 10 min en arrosant de shoyu.

Histoire

L'algue iziki est riche en calcium et en protéines. Elle peut aussi être utilisée dans l'eau du bain.

DHAL DE LENTILLES

Préparation : 10 min   Cuisson : 1 h 30   Difficulté : ★   Coût : €

1 La veille, laissez tremper les lentilles pendant 12 h dans de l'eau froide.

2 Le jour même, émincez le blanc de poireau. Puis, dans une grande poêle, faites-le revenir. Ajoutez les lentilles égouttées et le curry.

3 Couvrez avec 30 cl d'eau et de pulpe de tomates et laissez mijoter à couvert pendant 1 h 30 en mélangeant régulièrement. Poivrez, salez et servez encore chaud.

LASSI

Préparation : 15 min   Difficulté : ★   Coût : €

Les ingrédients
pour 4 personnes :

- 75 cl de yaourt nature
- 2 c. à s. d'eau de rose
- 2 c. à s. de fleur d'oranger
- 3 c. à c. de graines de cardamome grillées et broyées (ou de la cardamome en poudre)

1 Dans un grand saladier, versez le yaourt et fouettez-le jusqu'à ce qu'il devienne bien liquide.

2 Ajoutez 40 cl d'eau glacée et le sucre puis mélangez bien jusqu'à dissolution complète du sucre.

3 Versez la fleur d'oranger et l'eau de rose puis saupoudrez de graines de cardamome grillées et broyées.

4 Servez aussitôt dans de grands verres rafraîchis.

Idée

Vous pouvez aromatiser cette boisson indienne à la mangue ou au citron. Elle peut se boire aussi salée.

RAVIOLIS VAPEUR AUX CREVETTES

Préparation : 30 min   Cuisson : 12 min   Difficulté : ★ ★   Coût : €

Les ingrédients
pour 4 personnes :

- 180 g de crevettes roses décortiquées
- 100 g de mélange de farines pour ravioles (en épicerie asiatique)
- 1 c. à s. de ciboulette hachée
- ½ c. à c. de gingembre râpé
- sel

1 Dans une poêle, chauffez 1,5 l d'eau et la farine. Mélangez jusqu'à la formation d'une boule de pâte collante. Hors du feu, pétrissez la pâte pour obtenir une boule homogène. Laissez refroidir.

2 Mélangez les crevettes et la ciboulette hachées. Ajoutez le gingembre et salez.

3 Avec la pâte, formez plusieurs boulettes d'environ 10 g chacune. Étalez-les en rond de 2-3 cm. Puis, déposez 1 cuillère de farce au centre de chaque cercle de pâte. Badigeonnez d'un peu d'eau les bords des cercles.

4 Refermez les raviolis en pressant fermement les bords des cercles de pâte. Placez les raviolis dans un panier vapeur (attention, ils ne doivent pas se toucher) et laissez cuire 12 min.

TEMPURA DE CREVETTES

Préparation : 15 min   Cuisson : 4 min   Difficulté : ★   Coût : €€

Les ingrédients
pour 4 personnes :

- 20 crevettes moyennes cuites
- 1 œuf
- 50 g de farine
- 50 g de Maïzena®
- 40 cl d'huile de friture

1 Dans un saladier, mélangez la farine et la Maïzena®. Puis, versez doucement 7 cl d'eau glacée, ajoutez l'œuf et incorporez au fouet afin d'obtenir une pâte homogène.

2 Faites chauffer un grand bain d'huile de friture. Puis décortiquez les crevettes en conservant la queue mais enlevez la tête et incisez le dos afin de retirer l'intestin.

3 Plongez rapidement chaque crevette dans l'huile chaude puis dans la pâte.

4 Ensuite, plongez de nouveau chaque crevette enrobée de pâte dans l'huile et laissez frire 2 à 3 min puis retirez-les avec une écumoire et déposez-les sur du papier absorbant. Servez chaud.

TARTARE DE SAUMON AUX PARFUMS ASIATIQUES

Préparation : 15 min   Difficulté : ★   Coût : €

Les ingrédients
pour 4 personnes :

- 2 filets de saumon
- ½ concombre coupé en dés
- ½ botte de coriandre
- 1 c. à s. de gingembre finement haché
- 2 c. à s. de vinaigre de riz
- 1 c. à s. d'huile de sésame
- 1 c. à s. de sauce soja

1 Afin de faciliter sa découpe, placez le saumon au congélateur pendant 1 h.

2 Puis coupez le poisson en petits dés. Dans un grand saladier, mélangez tous les ingrédients et laissez mariner quelques heures au réfrigérateur.

3 Servez frais dans de petites coupelles. Vous pouvez éventuellement accompagner ce plat de petits toasts et de sauce piquante.

Conseil

Achetez chez votre poissonnier du saumon de première fraîcheur.

BREADS ROLLS

Préparation : 20 min   Cuisson : 22 min   Difficulté : ★   Coût : €

Les ingrédients
pour 4 personnes :

- 12 tranches de pain de mie
- 2 carottes
- 3 pommes de terre
- 100 g de petits pois
- 1 gousse d'ail râpée
- ½ botte de coriandre
- 1 c. à s de gingembre râpé
- 2 c. à s. de curry
- 40 cl d'huile de friture
- sel

1 Faites précuire les pommes de terre coupées en dés dans une casserole d'eau pendant 5 min après ébullition. Égouttez-les. Dans une poêle, faites revenir les pommes de terre, les autres légumes coupés en petits morceaux, l'ail, le curry et le gingembre. Salez, mélangez et couvrez. Laissez cuire 7 min.

2 Ajoutez la coriandre ciselée et laissez refroidir.

3 Faites chauffer une friteuse avec de l'huile. Versez de l'eau dans une assiette creuse et trempez rapidement les tranches de pain de mie des 2 côtés. Puis coupez les bords.

4 Déposez un peu de farce au centre de chaque tranche de pain et rabattez chaque côté en appuyant fermement. Plongez les bread rolls dans l'huile bouillante et ressortez-les dès qu'ils sont dorés.

CREVETTES EN FEUILLE DE BANANIER

Préparation : 10 min   Cuisson : 30 min   Difficulté : ★   Coût : €

Les ingrédients
pour 2 personnes :

- 200 g de crevettes crues
- 1 feuille de bananier
- 15 cl de lait de coco
- 1 échalote
- ½ botte de coriandre
- 1 c. à c. de gingembre râpé
- 1 c. à c. de grains de poivre vert

1 Préchauffez votre four à 180 °C. Placez la feuille de bananier au fond d'un moule afin de lui donner la forme d'une cuvette.

2 Disposez sur la feuille de bananier les crevettes, la coriandre, le gingembre, le poivre et l'échalote hachée, puis nappez de lait de coco.

3 Refermez la feuille de bananier comme une papillote (si nécessaire utilisez des piques) et enfournez pour 30 min.

Astuce
Vous pouvez préparer vos papillotes à l'avance, ainsi les aliments s'imprégneront bien des saveurs.

TEMPURA DE LÉGUMES

Préparation : 20 min   Cuisson : 10 min   Difficulté : ★   Coût : €

Les ingrédients
pour 6 personnes :

- 300 g de brocoli
- 1 aubergine
- 1 courgette
- 2 œufs
- 10 g de Maïzena®
- 10 g de farine
- sel

1 Taillez la courgette et l'aubergine en rondelles et coupez le brocoli.

2 Dans un saladier, battez les œufs avec un peu de sel et 10 cl d'eau glacée.

3 Dans un autre saladier, mélangez la farine et la Maïzena®, puis ajoutez doucement les œufs battus.

4 Trempez les légumes découpés dans la pâte ainsi obtenue et plongez-les dans un bain d'huile chaude. Lorsqu'ils sont dorés, sortez-les et déposez-les sur du papier absorbant. Servez avec de la sauce piquante.

SALADE DE BŒUF À LA CITRONNELLE

Préparation : 20 min   Difficulté : ★   Coût : €

Les ingrédients
pour 6 personnes :

- 600 g de bœuf
- 5 brins de citronnelle
- 300 g de pousses de soja
- 1 salade verte
- 1 poivron rouge
- 4 carottes
- 4 citrons verts
- 3 gousses d'ail
- 1 bouquet de menthe
- 1 poignée de cacahuètes
- 1 c. à s. de vinaigre de vin
- 2 c. à s. de nuoc-mâm

1 Coupez la viande en fines lamelles. Pilez l'ail, ciselez la citronnelle, prélevez les zestes des citrons et pressez leur jus.

2 Laissez mariner la viande dans l'ail, la citronnelle, les jus et les zestes de citrons pendant au moins 6 h.

3 Émincez la salade, les carottes, le poivron et la menthe. Puis, broyez les cacahuètes et réservez le tout au frais.

4 Juste avant de servir, mélangez la viande, la marinade, les légumes et la menthe. Assaisonnez avec le vinaigre, le nuoc-mâm et les cacahuètes.

BANH CUON : CRÊPES VAPEUR AUX SAINT-JACQUES

Préparation : 30 min   Cuisson : 10 min   Difficulté : ★ ★   Coût : €€

Les ingrédients
pour 4 personnes :

- 8 noix de Saint-Jacques
- 40 g de shiitakés frais
- 1 carotte
- 4 feuilles de riz
- 1 échalote
- 1 c. à s. de coriandre fraîche hachée
- 2 c. à s. de sauce soja

1 Coupez les shiitakés en lamelles, émincez l'échalote et râpez la carotte. Dans une grande poêle, faites revenir l'échalote, la carotte, les champignons, la coriandre et la sauce soja. Laissez cuire 5 min.

2 Coupez les noix de Saint-Jacques en deux. Puis, réhydratez les feuilles de riz en les plongeant brièvement dans de l'eau chaude.

3 Étalez les feuilles de riz et placez un peu de garniture au centre de chacune. Disposez 4 demi-noix de Saint-Jacques sur chaque crêpe. Rabattez les côtés et repliez les bords pour refermer la crêpe.

4 Dans le panier vapeur, placez une feuille de papier cuisson sur laquelle vous disposerez les crêpes. Laissez cuire 5 min.

SALADE VIETNAMIENNE

Préparation : 30 min   Difficulté : ★   Coût : €

Les ingrédients
pour 4 personnes :

- 20 g de crevettes cuites
- 1 petite carotte râpée
- ½ concombre
- ½ citron vert
- 3 grandes feuilles de salade verte
- 150 g de germes de soja
- 4 tiges de ciboule
- 4 brins de coriandre
- 4 brins de menthe
- 4 c. à s. de sauce de poisson préparée

1 Coupez finement la ciboule, la coriandre, la menthe, la salade et le concombre dans un grand saladier. Ajoutez la carotte râpée et les germes de soja.

2 Décortiquez les crevettes et coupez-les en deux dans le sens de la longueur.

3 Ajoutez les crevettes à la préparation. Puis mélangez et arrosez du jus du citron vert et de la sauce de poisson. Servez bien frais.

Astuce

Vous trouverez les germes de soja dans les magasins bio. Vous pouvez aussi ajouter des germes de lentilles.

VERMICELLES DE RIZ EN SALADE PIMENTÉE

Préparation : 15 min   Cuisson : 10 min   Difficulté : ★   Coût : €

Les ingrédients
pour 4 personnes :

- 125 g de vermicelles de riz
- 60 g de filet de porc
- 4 grosses crevettes cuites
- 8 champignons noirs séchés
- 1 pincée de piment
- ½ botte de coriandre
- 2 gousses d'ail
- 1 oignon frais
- 2 échalotes
- 8 c. à s. de bouillon
- 1 c. à s. de jus de citron vert
- 2 c. à s. de nuoc-mâm
- 1 c. à s. d'huile
- 1 c. à s. de sucre roux

1 Réhydratez les champignons noirs en les trempant 20 min dans un bol d'eau tiède puis coupez-les en morceaux.

2 Trempez les vermicelles 20 min dans un bol d'eau froide et égouttez-les. Puis découpez la viande en lamelles, décortiquez les crevettes et écrasez l'ail.

3 Dans un wok, faites revenir l'ail et retirez-le. Versez ensuite le bouillon, le jus de citron, le sucre, le nuoc-mâm et portez à ébullition avant d'ajouter la viande, les crevettes et le piment.

4 Laissez cuire 2 min puis ajoutez les champignons, les vermicelles, les échalotes et l'oignon. Mélangez jusqu'à ce que les vermicelles aient absorbé tout le bouillon, puis laissez refroidir. Servez frais et parsemez de coriandre ciselée.

DASHI AUX NOUILLES ET CHAMPIGNONS

Préparation : 20 min   Cuisson : 8 min   Difficulté : ★   Coût : €

Les ingrédients
pour 2 personnes :

- 1 sachet de dashi (en granulés ou en poudre)
- 10 g de champignons noirs séchés
- 40 g de nouilles de riz fines
- 1 oignon
- 2 brins de ciboule
- 3 c. à s. de soupe miso

1 Réhydratez les champignons noirs en les plongeant dans un bol d'eau chaude, puis égouttez-les et coupez-les en lamelles.

2 Ciselez la ciboule et émincez l'oignon. Dans une casserole d'eau bouillante, faites infuser le sachet de dashi pendant 3 min.

3 Puis ajoutez les nouilles de riz, les champignons noirs, la ciboule et le miso et mélangez. Laissez chauffer 5 min.

4 Servez bien chaud sans jamais faire bouillir la soupe.

SOUPE MISO

Préparation : 10 min   Cuisson : 6 min   Difficulté : ★   Coût : €

Les ingrédients
pour 6 personnes :

- 150 g de tofu
- 100 g de shiitakés frais
- 5 g d'algues wakame
- 1 oignon frais émincé
- 1 sachet de dashi
- 4 c. à s. de miso

1 Dans une grande casserole, faites chauffer les algues dans 75 cl d'eau chaude pendant 3 min.

2 Ajoutez les champignons émincés, le tofu coupé en dés et le sachet de dashi.

3 Mélangez et incorporez le miso. Continuez la cuisson pendant 3 min sans laisser bouillir.

4 Versez la soupe chaude dans des bols individuels et ajoutez l'oignon émincé.

SOUPE DE CREVETTES
À LA THAÏLANDAISE

Préparation : 30 min   Cuisson : 33 min   Difficulté : ★   Coût : €€

Les ingrédients
pour 4 personnes :

- 400 g de crevettes cuites
- 500 g d'arêtes de poisson
- 1 piment
- 2 gousses d'ail
- 4 oignons frais
- 1 oignon jaune
- 50 g de gingembre frais
- ½ botte de coriandre
- 3 tiges de citronnelle
- 1 c. à s. d'huile d'olive
- 5 c. à s. de nuoc-mâm
- 1 c. à s. de sucre

1 Dans une casserole, faites chauffer l'huile et laissez fondre les arêtes 5 min.

2 Ajoutez le gingembre, les gousses d'ail, l'oignon jaune émincés et les tiges de citronnelle. Mélangez puis versez 1 l d'eau et portez à ébullition. Incorporez ensuite le nuoc-mâm et le sucre. Couvrez et laissez mijoter à feu doux 25 min.

3 Décortiquez les crevettes en laissant la queue. Émincez les oignons frais et coupez le piment en petits dés. Puis, passez le bouillon au chinois et remettez-le dans la casserole. Portez à ébullition et ajoutez les crevettes. Laissez chauffer 3 min.

4 Juste avant de servir, ajoutez les oignons frais et le piment. Décorez les bols avec la coriandre ciselée et quelques feuilles entières.

BOUILLON DE POULET

Préparation : 15 min   Cuisson : 20 min   Difficulté : ★   Coût : €

Les ingrédients
pour 2 personnes :

- 200 g de blancs de poulet
- 100 g de vermicelles de riz
- 3 feuilles de chou chinois
- 2 carottes
- 3 champignons noirs séchés
- ½ botte de coriandre
- 2 cubes de bouillon de poule
- 2 c. à s. de sauce aux huîtres
- 1 c. à s. de sauce soja

1 Réhydratez les champignons et les vermicelles dans deux récipients d'eau bouillante séparés. Dans une casserole, faites bouillir 1 l d'eau et jetez les cubes de bouillon.

2 Coupez en lamelles les carottes, les champignons ramollis, les feuilles de chou chinois et les blancs de poulet.

3 Ajoutez au bouillon les carottes, les champignons, le poulet, la sauce soja et la sauce aux huîtres. Laissez cuire 10 min et incorporez le chou et les vermicelles. Puis laissez mijoter à nouveau 10 min.

4 Servez bien chaud en décorant les bols de coriandre ciselée.

SOUPE DE POISSON
À LA CHINOISE

Préparation : 15 min   Cuisson : 15 min   Difficulté : ★   Coût : €

Les ingrédients
pour 4 personnes :

- 4 filets de cabillaud
- 200 g de crevettes cuites
- 200 g de vermicelles de riz
- 4 carottes
- 6 champignons noirs séchés
- 2 c. à s. de gingembre râpé
- 3 c. à s. de nuoc-mâm

1 Réhydratez les champignons dans une casserole d'eau bouillante. Coupez les carottes en lamelles et plongez-les dans une autre casserole d'eau bouillante avec le gingembre et le nuoc-mâm.

2 Poêlez rapidement les filets de cabillaud puis émiettez-les dans le bouillon. Ajoutez les crevettes décortiquées et mélangez. Laissez mijoter 10 min.

3 Égouttez les champignons et ajoutez-les avec les vermicelles au bouillon. Servez bien chaud.

SOUPE PHO VIETNAMIEN

Préparation : 40 min   Cuisson : 40 min   Difficulté : ★ ★   Coût : €€

Les ingrédients
pour 6 personnes :

- 1,3 kg de plat de côtes de bœuf
- 500 g de steak de bœuf découpé en lamelles
- 1 os à moelle
- 300 g de vermicelles de riz
- 4 cubes de bouillon de bœuf
- 1 petit tubercule de gingembre
- 1 oignon grillé
- 2 oignons frais coupés en lamelles
- 1 c. à c de cinq-parfums
- 4 anis étoilés
- 4 c. à s. de sauce de poisson
- ½ botte de coriandre
- 1 c. à c. de sel

1 Dans une grande casserole remplie à moitié d'eau, plongez l'os à moelle, le plat de côtes, le gingembre râpé, l'anis, les cinq-parfums, l'oignon grillé et le sel. Faites chauffer à feu fort pendant 20 min et avec une écumoire.

2 Ajoutez le bouillon de bœuf préalablement fondu et la sauce de poisson. Laissez mijoter 10 min à feu moyen.

3 Dans une poêle, faites revenir rapidement la viande rouge, les oignons frais et la coriandre émincés.

4 Passez le bouillon au chinois. Dans chaque bol, disposez les vermicelles de riz déshydratés. Puis, ajoutez la viande rouge, les oignons et la coriandre. Versez enfin votre bouillon et servez bien chaud.

SOUPE AUX
« AILERONS DE REQUIN »

Préparation : 30 min   Cuisson : 1 h 30   Difficulté : ★ ★   Coût : €€

Les ingrédients
pour 4 personnes :

- 50 g d'ailes de raie
  (la pêche aux ailerons
  de requin étant
  interdite, il faut
  remplacer sa chair
  par de la raie)
- 100 g de côtes
  de porc désossés
- 100 g de pousses
  de bambou
- 10 g de champignons
  noirs séchés
- 1 tubercule de
  gingembre découpé
  en lamelles
- 3 c. à c. de fécule
  de pommes de terre
- 2 l de bouillon
  de poulet
- 1 c. à s. de sauce soja
- 1 c. à s. de xérès
- ½ c. à c. de sel
- ½ c. à c. de poivre

1 Dans une casserole, portez à ébullition 1 l d'eau avec le gingembre. Puis, ajoutez les ailes de raie et laissez cuire à feu doux pendant 1 h. Retirez et égouttez le poisson. Jetez l'eau et le gingembre.

2 Réhydratez les champignons en les trempant 30 min dans de l'eau tiède et égouttez-les. Mélangez dans un bol le xérès, la sauce soja et 1 c. à c. de fécule de pommes de terre et la viande découpée en fines lamelles. Laissez mariner 15 min.

3 Dans une grande casserole, délayez le reste de la fécule dans le bouillon puis ajoutez la viande marinée et le poisson. Laissez cuire à feu doux 10 min.

4 Ajoutez ensuite les pousses de bambou et les champignons coupés en lamelles. Salez, poivrez et mélangez pendant 5 min, retirez du feu et servez aussitôt.

VELOUTÉ DE TOFU AUX CREVETTES SÉCHÉES

Préparation : 15 min   Cuisson : 10 min   Difficulté : ★   Coût : €€

Les ingrédients
pour 4 personnes :

- 20 crevettes séchées
- 150 g de tofu blanc frais
- 100 g de pousses de bambou
- 200 g de petits pois
- 1 botte de ciboulette
- 1 tubercule de gingembre
- 2 c. à s. d'huile

1 Réhydratez les crevettes en les plongeant 10 min dans un bol d'eau tiède. Égouttez-les et faites-les sécher. Puis faites-les revenir dans l'huile.

2 Ajoutez les petits pois, les pousses de bambou et le gingembre coupés en fines lamelles. Versez 1 l d'eau et laissez chauffer à feu doux 5 min.

3 Découpez le tofu frais en petits dés et incorporez-le au bouillon. Couvrez et laissez chauffer à feu moyen 5 min.

4 Déposez des crevettes dans chaque bol et versez dessus une louche de bouillon. Juste avant de servir, décorez chaque bol de ciboulette.

SOUPE CHINOISE AUX WONTONS

Préparation : 25 min   Cuisson : 30 min   Difficulté : ★ ★   Coût : €€

Les ingrédients
pour 5 personnes :

- 25 de feuilles de wontons
- 400 g de porc haché
- 8 ciboules
- 1 oignon
- 2 gousses d'ail
- 3 c. à s. de gingembre râpé
- 1 œuf
- 3 c. à. s de sauce soja
- 2 cubes de bouillon de volaille
- 1 c. à s. d'huile d'arachide

1 Dans une grande casserole, faites revenir 1 gousse d'ail émincée dans l'huile avec le bouillon de volaille, 1 c. à s. de sauce soja, 1 l d'eau et 4 ciboules hachées. Portez à ébullition et laissez mijoter 15 min.

2 Pendant ce temps, faites revenir dans une autre casserole les ciboules et l'ail restant avec le gingembre et l'oignon hachés. Mélangez puis ajoutez la viande de porc hachée et le reste de la sauce de soja. Laissez refroidir.

3 Posez les feuilles de wontons et répartissez la farce. Puis badigeonnez le bord des feuilles avec l'œuf battu. Relevez et collez les quatre coins.

4 Faites cuire les wontons dans de l'eau bouillante salée. Lorsqu'ils remontent à la surface, vous pouvez les égoutter. Servez les wontons dans des bols et arrosez de bouillon.

VERMICELLES DE POULE À LA SAUCE CACAHUÈTE

Préparation : 15 min   Cuisson : 20 min   Difficulté : ★   Coût : €

Les ingrédients
pour 4 personnes :

- 150 g de vermicelles de riz
- 200 g de blancs de poulet
- 2 c. à s. de pâte de cacahuète salée
- 1 c. à s. de pâte de soja pimentée
- 1 cube de bouillon
- 1 c. à s. d'huile d'olive
- 1 c. à s. d'huile de sésame
- sel et poivre

1 Réhydratez les vermicelles en les plongeant 10 min dans un bol d'eau tiède, puis égouttez-les et faites-les dorer dans un peu d'huile d'olive.

2 Portez à ébullition une casserole d'eau avec le cube de bouillon. Coupez les blancs de poulet en lamelles. Ensuite, faites-les cuire dans le bouillon pendant 5 min. Puis, égouttez-les et émiettez-les à la main. Salez et poivrez.

3 Mélangez la pâte de cacahuète et la pâte de soja. Ajoutez un peu d'eau et montez le mélange en crème en versant doucement l'huile de sésame.

4 Dans un saladier, mélangez les vermicelles, le poulet et la sauce. Servez chaud dans des bols.

SOUPE DE FÈVES ET GAMBAS

Préparation : 20 min   Cuisson : 20 min   Difficulté : ★   Coût : €

Les ingrédients
pour 4 personnes :

- 12 gambas
- 200 g de fèves surgelées sans peau
- 1 carotte
- 4 champignons de Paris
- 1 navet
- 2 citrons non traités
- 1 tubercule de gingembre
- 2 tiges de citronnelle
- 1 botte de coriandre
- 1 botte de persil
- 30 g de beurre
- 50 cl de fumet de poisson instantané
- sel et poivre

1 Décortiquez les gambas en gardant la queue et en incisant le dos afin d'enlever l'intestin. Dans de l'eau bouillante, faites cuire 4 min la carotte et le navet coupés en petits dés.

2 Dans une autre casserole d'eau frémissante, plongez les fèves 7 min, puis égouttez-les. Poêlez les champignons coupés en lamelles avec le jus de 1 citron.

3 Portez à frémissement le fumet de poisson, puis ajoutez le gingembre émincé et la citronnelle. Retirez du feu et laissez infuser 25 min. Puis incorporez le jus de l'autre citron.

4 Pochez 3 min les gambas dans le bouillon de légumes. Ajoutez tout en mélangeant le fumet de poisson, le beurre, les champignons et les fèves. Salez et poivrez. Servez dans un bol et parsemez de coriandre et de persil ciselés.

SOUPE CHINOISE AUX CHAMPIGNONS NOIRS

Préparation : 5 min   Cuisson : 2 h   Difficulté : ★   Coût : €

Les ingrédients
pour 5 personnes :

- 5 champignons noirs séchés
- 1 carcasse et 1 cuisse de poulet cuit
- 150 g de nouilles aux œufs
- 1 citron
- 1 morceau de 2 cm de gingembre frais
- 2 oignons
- 2 clous de girofle
- 1 anis étoilé
- 6 brins de coriandre
- 1 c. à c. de nuoc-mâm

1 Mettez le poulet, le gingembre non pelé coupé en deux, 1 oignon, les clous de girofle, l'anis étoilé et les champignons noirs dans un grand faitout rempli de 2,5 l d'eau.

2 Laissez mijoter 2 h à feu moyen puis retirez la carcasse et la cuisse de poulet à l'aide d'une écumoire. Faites cuire les nouilles dans le bouillon pendant 5 min.

3 Retirez la chair restante de la carcasse et de la cuisse de poulet et répartissez-la dans cinq bols. Puis ajoutez le deuxième oignon et la coriandre émincés.

4 Versez les nouilles dans les bols avec le bouillon. Servez bien chaud avec le citron et le nuoc-mâm à côté.

SOUPE DE PALOURDES AU SAKÉ

Préparation : 10 min   Cuisson : 3 min   Difficulté : ★   Coût : €€

Les ingrédients
pour 4 personnes :

- 200 g de palourdes
- 25 cl de saké
- 50 cl de dashi bonito
- 2 jeunes oignons

1 Laissez tremper les palourdes dans de l'eau froide pendant 30 min, puis rincez-les plusieurs fois.

2 Dans une grande casserole, faites bouillir le dashi bonito. Ajoutez les palourdes rincées et le saké. Couvrez 3 min. Retirez les palourdes dont les coquilles sont encore fermées.

3 Servez dans des bols et parsemez d'oignons coupés en fines lamelles.

Astuce
Vous pouvez remplacer les palourdes par des moules.

SOUPE DE CRESSON
À LA VIANDE DE PORC

Préparation : 10 min   Cuisson : 15 min   Difficulté : ★   Coût : €

1 Lavez soigneusement et égouttez le cresson. Puis, coupez-le en biais en morceaux de 6 cm. Dans un saladier, mélangez le porc et l'échalote hachés avec le sucre, du sel et du poivre.

2 Dans une casserole, faites revenir l'ail haché. Ajoutez la viande de porc et arrosez de nuoc-mâm. Laissez cuire 5 min puis versez 30 cl d'eau. Faites bouillir à feu moyen pendant 10 min.

3 Ajoutez le cresson et faites chauffer à feu vif 5 min. Servez bien chaud et parsemez de coriandre.

POULET KORMA

Préparation : 20 min   Cuisson : 30 min   Difficulté : ★ ★   Coût : €€

Les ingrédients
pour 4 personnes :

- 300 g de blancs de poulet
- 12, 5 g d'amandes effilées
- 2 yaourts veloutés nature
- 10 cl de crème de coco
- 15 cl de lait de coco
- ½ c. à c. de concentré de tomates
- 1 c. à c. de jus de citron
- 1 gousse d'ail
- ½ oignon
- 2 graines de cardamome
- 2 clous de girofle
- 1 c. à c. de curry
- 1 c. à c. de cumin
- 1 c. à c. de curcuma
- ½ c. à c. de noix de muscade en poudre
- ½ c. à c. de piment en poudre
- sel et poivre

1 Quelques heures avant, préparez la marinade en mélangeant les yaourts et l'ail haché. Laissez mariner le poulet.

2 Dans une poêle, faites dorer les amandes. Mixez-les avec l'oignon, le concentré de tomates et un peu d'eau. Mettez le poulet dans une grande casserole et ajoutez la préparation aux amandes, le lait de coco, le jus de citron, les épices (sauf le curry) et la marinade. Laissez cuire 10 min en mélangeant.

3 Si la préparation obtenue est sèche, ajoutez un peu d'eau. Couvrez et laissez mijoter 20 min. Ajoutez la crème de coco et le curry. Mélangez pendant 2 min et retirez du feu. Salez et poivrez.

RIZ BIRYANI

Préparation : 10 min   Cuisson : 10 min   Difficulté : ★   Coût : €

Les ingrédients
pour 4 personnes :

- 200 g de riz basmati
- ½ ananas
- 1 carotte
- 1 tomate
- 50 g noix de cajou
- 50 g de raisins secs
- ½ oignon
- 1 botte de coriandre
- 1 botte de menthe
- 1 piment vert
- 5 clous de girofle
- 3 graines de cardamome
- ½ bâton de cannelle
- 1 anis étoilé
- ½ c. à c. de graines de fenouil
- 1 c. à c. de curcuma
- 2 c. à s. de ghee

1 Faites cuire le riz basmati à votre goût. Pendant ce temps, faites revenir dans le ghee les graines de cardamome, l'anis étoilé, les graines de fenouil, les clous de girofle et la cannelle. Laissez chauffer 2 min.

2 Ajoutez l'oignon, le piment, la carotte et la tomate émincés, les noix de cajou, les raisins et le curcuma.

3 Versez le riz basmati et l'ananas coupé en petits dés. Relevez avec la coriandre et la menthe hachée. Faites sauter à feu vif et servez.

Astuce
Le ghee ou ghî est un beurre clarifié, c'est-à-dire débarrassé de sa matière grasse.

CREVETTES AU RIZ GLUANT

Préparation : 30 min   Cuisson : 15 min   Difficulté : ★   Coût : €

Les ingrédients
pour 4 personnes :

- 200 g de riz gluant
- 100 g de crevettes cuites
- ½ gousse d'ail
- ½ botte de persil
- 4 c. à s. de graines de sésame

1 Faites cuire le riz gluant à la vapeur et laissez refroidir environ 10 min.

2 Constituez une crêpe épaisse et homogène de riz gluant sur laquelle vous disposerez les crevettes cuites décortiquées.

3 Couvrez d'une autre crêpe de riz gluant et découpez l'ensemble en cube. Mixez l'ail et le persil.

4 Faites chauffer votre friteuse avec de l'huile. Disposez des graines de sésame, l'ail et le persil hachés sur les côtés de chaque cube. Plongez 1 min dans l'huile bouillante et laissez refroidir.

RAVIOLES AUX CREVETTES, SAUCE CURRY-COCO

Préparation : 20 min   Cuisson : 20 min   Difficulté : ★ ★   Coût : €€

Les ingrédients
pour 5 personnes :

- 40 feuilles de raviolis
- 20 crevettes cuites
- ½ tomate
- 15 g de roquette
- 2 jaunes d'œufs
- 20 cl de lait de coco
- 1 c. à c. de curry
  en poudre
- 1 c. à s. d'huile d'olive
- sel et poivre

1 Dans une poêle, faites revenir la tomate coupée en dés avec l'huile d'olive. Ajoutez le lait de coco et le curry, puis laissez mijoter 5 min.

2 Incorporez les crevettes décortiquées, salez, poivrez et laissez cuire 5 min supplémentaires.

3 Étalez 20 feuilles de raviolis sur votre plan de travail et disposez sur chacune d'entre elle une crevette et 1 c. à s. de sauce. Badigeonnez les bords de chaque feuille de jaune d'œuf et refermez les raviolis avec une autre feuille en pressant fermement les bords.

4 Faites cuire les raviolis dans une casserole d'eau bouillante salée. Égouttez-les dès qu'ils remontent à la surface. Dressez 4 raviolis par personne et servez avec quelques feuilles de roquette.

PORC CARAMÉLISÉ AUX 3 ÉPICES

Préparation : 15 min   Cuisson : 30 min   Difficulté : ★   Coût : €

Les ingrédients
pour 6 personnes :

- 800 g d'échine de porc
- 5 oignons émincés
- 100 g de sucre
- 25 cl de vin blanc
- 10 cl de mirin
- 7 cl de sauce soja
- 3 c. à s. d'huile de tournesol
- 1 c. à c. de gingembre en poudre
- 1 c. à c. coriandre en poudre
- 1 c. à c. curry en poudre
- sel et poivre

1 Dans une casserole, caramélisez le sucre et déglacez-le avec le vin blanc, le mirin et la sauce soja. Ajoutez les épices. Laissez chauffer quelques minutes.

2 Découpez le porc en morceaux d'environ 100 g. Faites-les dorer avec l'huile de tournesol dans une grande poêle à feu vif.

3 Ajoutez les oignons, puis baissez le feu et versez le caramel. Couvrez et laissez cuire à feu très doux pendant 20 min. Servez bien chaud.

NOIX DE SAINT-JACQUES COCO ET GAUFRE À LA MANGUE

Préparation : 25 min   Cuisson : 25 min   Difficulté : ★ ★   Coût : €€€

Les ingrédients
pour 5 personnes :

- 15 noix de Saint-Jacques
- 1 rouleau de pâte feuilletée
- 1 mangue
- le jus d'½ citron vert
- 20 cl de lait de coco
- 6 cl de vin blanc
- 3 échalotes
- ½ gousse d'ail
- 1 pincée de gingembre en poudre
- 1 pincée de curcuma
- 3 c. à s. de sucre
- 2 c. à s. d'huile d'olive

1 Découpez 10 petits cercles dans la pâte feuilletée et dans la mangue épluchée. Puis, déposez sur chaque cercle de pâte un morceau de fruit. Sucrez et fermez le chausson avec un autre cercle de pâte.

2 Faites cuire les chaussons à la mangue dans un gaufrier pendant quelques minutes et réservez au chaud.

3 Dans une casserole, faites revenir les échalotes émincées avec 1 c. à s. d'huile d'olive. Ajoutez le vin blanc, le jus de citron vert, le lait de coco, l'ail haché, le gingembre et le curcuma. Mélangez et laissez cuire à feu doux 10 min.

4 Faites revenir avec 1 c. à s. d'huile d'olive dans une poêle les noix de Saint-Jacques rincées et essuyées pendant 1 min. Servez aussitôt arrosé de sauce au lait de coco et accompagné d'une gaufre à la mangue.

GAMMARES THAÏS

Préparation : 15 min   Cuisson : 10 min   Difficulté : ★   Coût : €€

Les ingrédients
pour 5 personnes :

- 500 g de gammares
  (crevettes d'eau douce)
- 1 piment rouge
- 1 gousse d'ail
- 5 grains de poivre rose
- 1 c. à s. de paprika
  en poudre
- 1 c. à s. de curry
  en poudre
- 1 c. à c. de
  cumin en poudre
- 1 c. à c. de graines
  de moutarde
- 3 c. à s. d'huile
  de sésame
- sel et poivre

1 Dans un saladier, mélangez l'ail et le piment hachés avec les gammares décortiqués. Laissez la queue et entaillez le dos d'environ 1 cm pour retirer l'intestin.

2 Mélangez et ajoutez le paprika, le curry, le cumin, l'huile de sésame. Laissez mariner 15 min.

3 Faites revenir dans une poêle à feu moyen, les graines de moutarde et le poivre rose pendant 2 min.

4 Égouttez les gammares et ajoutez-les à la poêle. Couvrez et laissez cuire à feu doux jusqu'à ce qu'ils deviennent roses. Salez et poivrez. Servez bien chaud.

LOTTE À LA VANILLE

Préparation : 30 min   Cuisson : 10 min   Difficulté : ★ ★   Coût : €€€

Les ingrédients
pour 4 personnes :

- 8 médaillons de lotte
- 3 gousses de vanille
- 1 citron vert
- 1 feuille de bananier
- 20 cl de crème fraîche épaisse
- 1 petit morceau de gingembre frais
- 10 cl de vin blanc sec
- 2 c. à s. d'huile d'olive
- sel et poivre

1 Grattez les gousses de vanille fendues au-dessus de la crème fraîche. Ajoutez le gingembre râpé, salez, poivrez et mélangez.

2 Prélevez les zestes du citron. Coupez-les en fines lanières et faites-les blanchir 2 min dans l'eau bouillante avant de les égoutter. Poêlez la lotte dans l'huile d'olive chaude pendant 2 min de chaque côté. Puis déglacez avec du vin blanc. Grattez le fond de la poêle pour récupérer les sucs de cuisson. Versez la crème dans la poêle à feu doux en mélangeant pendant 1 min.

3 Mettez les médaillons de lotte dans cette sauce et ajoutez-y les zestes de citron. Laissez cuire 3 min. Placez la lotte avec la sauce dans une feuille de bananier préalablement passée à la flamme pour la ramollir et fermez la papillote avec des pics en bois.

LANIÈRES DE FILETS DE BŒUF À LA CRÈME AIGRE

Préparation : 15 min   Cuisson : 6 min   Difficulté : ★   Coût : €€

Les ingrédients
pour 5 personnes :

- 600 g de filets de bœuf
- 150 g de cèpes frais (ou champignons de Paris)
- 150 g de crème aigre
- 30 g de beurre
- 3 échalotes
- ½ botte de persil plat
- 3 c. à s. d'huile d'arachide
- sel et poivre

1 Dans un wok ou une grande sauteuse, faites revenir les filets de bœuf coupés en fines lanières dans l'huile chaude pendant 3 min. Salez et poivrez puis réservez au chaud.

2 Dans le même wok non rincé, versez les échalotes et les champignons émincés. Mélangez pendant 1 min. Puis réduisez le feu et ajoutez la crème aigre et le beurre.

3 Faites réchauffer la viande en l'ajoutant au mélangez du wok. Saupoudrez de persil haché et servez aussitôt.

Astuce

Pour obtenir de la crème aigre, versez quelques gouttes de jus de citron dans la crème fraîche.

DINDE AU CURRY

Préparation : 10 min   Cuisson : 35 min   Difficulté : ★   Coût : €

Les ingrédients
pour 5 personnes :

- 5 escalopes de dinde
- 50 g de fruits secs (raisins, ananas...)
- 20 cl de lait de coco
- 50 cl de crème fraîche
- 2 c. à s. de copeaux de noix de coco
- 3 c. à s. de noix de coco râpée
- 3 c. à s. de curry en poudre
- 1 c. à c. de gingembre râpé
- 3 c. à s. de miel
- 3 c. à s. d'huile d'olive
- sel et poivre

1 Dans une grande sauteuse, faites dorer les escalopes à feu moyen dans l'huile et la moitié du curry. Mélangez, salez et poivrez.

2 Baissez le feu et ajoutez le gingembre, le lait de coco, le reste du curry, les copeaux de coco, le miel, les fruits secs et enfin la crème fraîche.

3 Couvrez et laissez mijoter à feu doux 30 min environ.

Idée
Vous pouvez remplacer la dinde par du poulet et le lait de coco par du lait de soja.

PORC AUX SHIITAKÉS

Préparation : 20 min   Cuisson : 2 h   Difficulté : ★   Coût : €

Les ingrédients
pour 4 personnes :

- 500 g de rôti de porc
- 250 g de shiitakés frais
- 1 branche de mélisse
- 1 c. à s. de
  gingembre en poudre
- 2 c. à s. d'huile
  de sésame
- sel et poivre

1 La veille, plongez les shiitakés dans un bol d'eau et laissez au frais toute la nuit afin de libérer tous les parfums des shiitakés. Conservez le bouillon.

2 Dans une cocotte, faites dorer le rôti de porc dans l'huile de sésame. Incorporez le bouillon, le gingembre et la branche de mélisse. Laissez cuire à feu moyen 25 min, puis réduisez à feu doux pendant 1 h 30.

3 Égouttez et séchez les champignons. Poêlez à sec les champignons frais entiers et versez-les sur la viande au moment de servir.

BROCHETTES DE BŒUF
À LA CITRONNELLE

Préparation : 30 min   Cuisson : 10 min   Difficulté : ★★   Coût : €€

Les ingrédients
pour 4 personnes :

- 500 g de bœuf haché
- 2 blancs d'œuf
- 5 tiges de citronnelle
- 20 feuilles de menthe
- 1 c. à s. de pâte de curry vert
- 5 c. à s. de nuoc-mâm
- 3 c. à s. d'huile d'olive
- 3 c. à s. de sucre de palme
- sel et poivre

1 Mélangez dans un saladier le bœuf, la pâte de curry vert, le sucre, le nuoc-mâm, les blancs d'œufs et la menthe ciselée. Placez au réfrigérateur 20 min.

2 Façonnez la viande préparée autour des tiges de citronnelle. Mouillez régulièrement vos mains, le travail sera plus facile. Réservez les brochettes au réfrigérateur 10 min avant la cuisson.

3 Dans une sauteuse, faites revenir vos brochettes de chaque côté dans l'huile d'olive. Salez et poivrez.

Astuce

Plongez les tiges de citronnelle dans l'eau 30 min avant la cuisson pour éviter qu'elles ne brûlent.

SAMOUSSAS

Préparation : 30 min   Cuisson : 15 min   Difficulté : ★★   Coût : €€

Les ingrédients
pour 4 personnes :

- 7 feuilles de bricks
- 500 g de bœuf haché
- 1 citron vert
- 1 jaune d'œuf
- 3 gousses d'ail
- 1 oignon
- 3 brins de coriandre
- 3 brins de menthe
- 1 c. à s. de curcuma en poudre
- 1 c. à c. de piment en poudre
- 1 c. à c. de curry en poudre
- 1 c. à c. de cumin en poudre
- 2 c. à s. d'huile d'olive
- 15 cl d'huile de friture
- sel et poivre

1 Faites revenir l'ail et l'oignon émincés dans l'huile d'olive pendant 5 min. Ajoutez le bœuf émietté et en mélangeant la menthe et la coriandre ciselée, le cumin, curry, le curcuma et enfin le piment. Salez, poivrez et laissez cuire à feu moyen 8 min.

2 Préparez les feuilles de brick en les découpant en 3 bandes égales. Imaginez 3 carrés dans chaque bande et déposez dans le dernier environ 2 c. à c. de farce puis repliez en triangle. Badigeonnez le dernier triangle obtenu de jaune d'œuf.

3 Trempez chaque samoussa dans 2 cm d'huile bouillante de telle sorte que chaque côté soit brun. Servez tiède avec un filet de citron vert.

BROCHETTES DE PORC LAQUÉ

Préparation : 30 min   Cuisson : 15 min   Difficulté : ★   Coût : €€

Les ingrédients
pour 4 personnes :

- 600 g de filet mignon de porc
- 4 figues
- le jus de 1 orange
- 1 gousse d'ail
- 2 c. à c. de gingembre en poudre
- 2 c. à s. de miel
- 1 c. à s. de vin blanc
- 3 c. à s. de sauce soja
- 1 c. à s. d'huile de sésame
- sel et poivre

1 Dans un plat creux, disposez la viande coupée en gros cubes. Préparez la marinade en mélangeant l'ail réduit en purée, le jus de l'orange, le vin blanc, l'huile de sésame, le miel et la sauce soja.

2 Versez la marinade sur la viande, saupoudrez de gingembre et placez au réfrigérateur pour 30 min.

3 Préchauffez votre four sur la position gril. Coupez en quartiers les figues. Puis, formez les brochettes sur des piques en alternant des morceaux de viande et de fruit. Salez et poivrez.

4 Réduisez la marinade dans une casserole à feu doux jusqu'à ce qu'elle devienne épaisse. Badigeonnez les brochettes avec la sauce obtenue et faites griller au four 10 min. Servez aussitôt.

PETITS SOUFFLÉS
DE POISSON THAÏLANDAIS

Préparation : 1 h   Cuisson : 20 min   Difficulté : ★★★   Coût : €€

Les ingrédients
pour 4 personnes :

- 500 g de filets
  de dorade
- 200 g de chou blanc
- 2 feuilles de citron vert
- ½ poivron rouge
- 2 feuilles de bananier
- 1 œuf
- 40 cl de lait de coco
- 4 gousses d'ail
- 3 c. à s. de pâte
  de curry rouge
- 4 c. à s. de sauce
  thaïlandaise nam pla
- ½ c. à s. de fécule
  de pommes de terre
- ½ c. à c. de poivre

1 Préchauffez votre four à 180 °C. Faites blanchir le chou émincé en lanières. Coupez également en lanières le poivron et les feuilles de citron vert pliées dans la longueur.

2 Découpez 400 g de poisson en bandes de 4 cm. Pilez l'ail avec le poisson restant. Ajoutez le poivre, le nam pla, le lait de coco et la pâte de curry. Mixez cette crème 3 min.

3 Dans un plat creux, versez la crème et mixez à nouveau en incorporant l'œuf et les feuilles de citron. Déposez les filets dans la crème. Puis, découpez les feuilles de bananier en 12 cercles de 15 cm de diamètre et fendez-les afin d'en faire de petits paniers. Garnissez-les de chou blanchi et de filets de poisson et de crème. Enfournez pour 20 min.

4 Faites chauffer la fécule mélangée à 4 c. à s. d'eau. Sortez les paniers de bananier du four et versez la fécule. Puis décorez avec le poivron.

BŒUF COCO-CORIANDRE AUX 2 CHAMPIGNONS

Préparation : 30 min   Cuisson : 25 min   Difficulté : ★   Coût : €

Les ingrédients
pour 4 personnes :

- 500 g de bœuf pour bourguignon
- 200 g de riz basmati
- 150 g de champignons de Paris
- 100 g de champignons noirs séchés
- 3 bananes plantain
- 1 poignée de raisins secs
- 25 cl de lait de coco
- 1 gousse d'ail
- 1 oignon
- 1 c. à c. de piment
- 1 botte de coriandre
- 2 c. à c. de sauce soja
- 3 c. à s. d'huile d'olive
- 10 cl d'huile de friture
- sel et poivre

1 Coupez le bœuf en fines lanières et faites-le mariner dans le lait de coco, la coriandre ciselée, le piment et l'ail pendant 10 min. Puis, égouttez la viande et faites-la cuire dans une grande poêle avec l'huile d'olive et l'oignon émincé pendant 10 min. Ajoutez les champignons coupés en lamelles et les épices. Salez et poivrez, laissez cuire à feu doux pendant 10 min.

2 Réservez la viande et préparez l'accompagnement. Faites frire les bananes coupées en fines rondelles. Lorsqu'elles sont dorées, déposez-les sur du papier absorbant. Faites cuire le riz auquel vous ajouterez les raisins secs dans la dernière minute de cuisson. Faites réduire la sauce de la marinade.

3 Versez le riz cuit dans votre plat de présentation, puis disposez les rondelles de bananes, garnissez le centre avec la viande réchauffée et servez la sauce à part.

JHINGA MALAI

Préparation : 30 min   Cuisson : 15 min   Difficulté : ★   Coût : €€

Les ingrédients
pour 4 personnes :

- 500 g de crevettes ou de miettes de crabe
- 40 cl de lait de coco
- 4 oignons
- 1 pincée de piment en poudre
- 2 feuilles de laurier
- 2 clous de girofle
- 2 écorces de cannelle
- 2 graines de cardamome verte
- 1 c. à c. de garam masala
- 1 c. à c. de curcuma
- 1 c. à c. de sucre
- 2 c. à s. de ghee
- sel

1 Dans une grande poêle, faites revenir les oignons émincés pendant 1 min dans le ghee et le garam masala.

2 Ajoutez tout en mélangeant le curcuma, le piment, les feuilles de laurier, la cannelle, la cardamome et les clous de girofle.

3 Arrosez de 30 cl de lait de coco, salez et sucrez. Puis déposez le crabe ou les crevettes décortiquées. Mélangez et laissez cuire à feu doux 10 min.

4 Versez le reste du lait de coco dans la poêle et portez à ébullition. Servez bien chaud, idéalement accompagné de riz.

MURG MAN PASAND

Préparation : 30 min   Cuisson : 35 min   Difficulté : ★   Coût : €

Les ingrédients
pour 6 personnes :

- 1 kg de blancs de poulet
- 3 tomates
- 6 gousses d'ail
- 6 oignons
- 4 clous de girofle
- 10 g d'amandes effilées
- 1 c. à s. d'amandes en poudre
- 1 tubercule de gingembre
- 4 écorces de cannelle
- 6 graines de cardamome verte
- 1 c. à c. de curcuma
- 1 c. à c. de coriandre en poudre
- ½ c. à c. de cumin
- ½ c. à c. de piment en poudre
- 10 feuilles de coriandre
- 3 c. à s. de ghee
- sel et poivre

1 Faites revenir les oignons, l'ail et le gingembre émincés dans le ghee chauffé pendant 2 min.

2 Mélangez. Puis, ajoutez les clous de girofle, les écorces de cannelle, les graines de cardamome, le curcuma, la coriandre en poudre, le cumin, le piment et enfin le poulet découpé en lanières. Laissez cuire 5 min.

3 Ajoutez les tomates coupées, la poudre d'amandes et 25 cl d'eau tiède. Portez à ébullition.

4 Couvrez et laissez mijoter 25 min en mélangeant régulièrement. Au moment de servir, parsemez de coriandre et d'amandes effilées.

« CHEESE NAAN »

Préparation : 15 min   Cuisson : 5 min   Difficulté : ★   Coût : €

Les ingrédients
pour 6 personnes :

- 300 g de farine
- 1 yaourt nature
- 150 g de gruyère râpé
- ½ sachet de levure chimique
- 2 c. à s. d'huile
- 1 pincée de sel

1 Mélangez la farine, le sel, la levure, l'huile et le yaourt. Travaillez la pâte. Ajoutez si besoin un peu d'eau afin d'obtenir une pâte molle. Laissez reposer au moins 10 min.

2 Divisez la pâte en 6. Puis aplatissez de façon à obtenir 6 galettes. Parsemez-les généreusement de gruyère râpé et travaillez de nouveau la pâte.

3 Dans une grande poêle à revêtement antiadhésif, faites cuire les « cheese naan » 3 min de chaque côté jusqu'à ce qu'ils soient bien gonflés.

Idée
Vous pouvez remplacer le gruyère par de la Vache qui rit®.

POULET CURRY ET RIZ PILAF

Préparation : 15 min   Cuisson : 20 min   Difficulté : ★   Coût : €

Les ingrédients
pour 6 personnes :

- 500 g de blancs de poulet
- 360 g de riz basmati
- 15 cl de crème fraîche
- ½ oignon
- 2 c. à s. de curry
- 3 c. à. s. d'huile d'olive
- sel et poivre

1 Coupez le poulet en morceaux et laissez-le mariner dans 1 c. à s. de curry.

2 Dans une sauteuse, faites revenir l'oignon émincé avec l'huile d'olive. Ajoutez le riz et versez de l'eau aux 2/3. Puis couvrez et laissez mijoter à feu doux 10 min.

3 Faites revenir le poulet à la poêle. Ajoutez la crème fraîche et le reste de curry. Salez et poivrez. Avant de servir, mélangez le riz et la viande dans votre plat de présentation.

REQUIN AU LAIT DE COCO ET RIZ À LA CANNELLE

Préparation : 30 min   Cuisson : 30 min   Difficulté : ★ ★   Coût : €€€

Les ingrédients
pour 4 personnes :

- 4 steaks de requin ou de saumonette
- 250 g de riz basmati
- 2 citrons
- ½ poivron rouge
- ½ poivron vert
- 25 cl de lait de coco
- 2 oignons
- 1 botte de coriandre
- 1 c. à s. de curry
- 1 c. à s. de curcuma
- 1 c. à c. de safran
- 1 c. à c. de piment en poudre
- 2 bâtons de cannelle
- 70 cl de bouillon de volaille
- 6 c. à s. d'huile d'olive
- sel et poivre

1 Rincez le requin et laissez-le tremper 4 h dans de l'eau citronnée ou du lait afin qu'il s'assouplisse. Puis, égouttez-le, séchez-le, découpez-le en morceaux, retirez la peau et faites-le dorer dans une poêle.

2 Faites revenir 1 oignon et les poivrons émincés dans 3 c. à s. d'huile d'olive. Ajoutez le lait de coco, le jus de 1 citron, le curry et le curcuma et laissez mijoter 5 min. Puis incorporez le requin doré et laissez cuire à feu doux environ 15 min.

3 Faites revenir dans le reste de l'huile le deuxième oignon avec la cannelle, le piment et le safran. Puis ajoutez le riz. Lorsqu'il est devenu transparent, versez le bouillon de volaille et mélangez pendant 5 min.

4 Servez le requin et le riz arrosés du jus du deuxième citron et de coriandre ciselée.

CURRY DE LOTTE AU LAIT DE COCO

Préparation : 15 min   Cuisson : 30 min   Difficulté : ★   Coût : €€€

Les ingrédients
pour 8 personnes :

- 1,8 kg de lotte
- 6 tomates mûres
- 1 poivron rouge
- 40 cl de lait de coco
- 1 c. à s. de pâte de curry jaune
- 1 morceau de sucre
- sel et poivre

1 Dans une grande sauteuse ou un wok, mettez le poivron et les tomates coupés en dés. Faites-les réduire jusqu'à ce qu'il n'y ait plus de jus.

2 Ajoutez le lait de coco, le curry et le morceau de sucre. Faites chauffer sans faire bouillir.

3 Puis incorporez la lotte coupée en cubes. Salez, poivrez et laissez cuire à feu moyen 20 min. Servez avec du riz gluant ou du riz basmati.

POULET AUX POUSSES DE BAMBOU

Préparation : 20 min   Cuisson : 15 min   Difficulté : ★   Coût : €

Les ingrédients
pour 4 personnes :

- 500 g de blancs de poulet
- 200 g de pousses de bambou
- 20 g de champignons noirs séchés
- 1 citron
- 2 blancs d'œufs
- 8 brins de ciboulette
- 25 g de gingembre frais
- 1 pincée de piment d'Espelette
- 2 c. à s. de vinaigre de xérès
- 2 c. à s. de sauce soja
- 3 c. à s. de miel
- 2 c. à s. de Maïzena®
- 4 c. à s. d'huile
- sel et poivre

1 Dans un saladier, mélangez les blancs de poulet coupés en lanières, le jus du citron, 2 c. à s. d'huile, le miel, la sauce soja, le piment et le gingembre haché. Laissez mariner au frais et couvert pendant 40 min. Réhydratez les champignons dans un bol d'eau tiède.

2 Conservez la marinade et égouttez le poulet. Puis trempez-le dans un bol rempli des blancs d'œufs, de la Maïzena® et du vinaigre mélangés.

3 Dans un wok, faites chauffer le reste d'huile et faites revenir le poulet 8 min. Puis ajoutez les pousses de bambou égouttées, les champignons réhydratés et la marinade. Continuez la cuisson encore 7 min. Salez et poivrez. Parsemez de ciboulette ciselée avant de servir.

BOULETTES AIGRES-DOUCES À L'ANANAS

Préparation : 40 min   Cuisson : 20 min   Difficulté : ★★   Coût : €€

Les ingrédients
pour 4 personnes :

- 450 g de porc haché
- 250 g de tranches d'ananas
- 1 poivron vert
- 2 carottes
- le jus de 1 citron
- 20 cl de jus d'ananas
- 2 c. à s. de concentré de tomates
- 1 œuf
- 1 gousse d'ail
- 1 oignon
- 1 c. à c. de gingembre râpé
- 4 c. à s. de sauce soja
- 3 gouttes de tabasco®
- 2 c. à s. de vinaigre de vin blanc
- 5 c. à s. de fécule
- 3 c. à s. de sucre
- 3 c. à s. d'huile de sésame
- 4 c. à s. d'huile
- sel et poivre

1 Dans une casserole, préparez la sauce en mélangeant l'ail haché et le gingembre râpé avec le jus de citron, 2 c. à s. de sauce soja, 1 c. à s. d'huile, le concentré de tomates, le sucre et le jus d'ananas. Faites bouillir et liez avec 1 c. à s. de fécule. Salez, poivrez et ajoutez un peu de Tabasco®. Réservez.

2 Travaillez les boulettes en mélangeant le porc haché et l'huile de sésame, le reste de fécule et de sauce soja, et l'œuf. Dans un wok ou une grande sauteuse, faites revenir les boulettes dans 3 c. à s. d'huile pendant 5 min, puis réservez-les au chaud.

3 Dans le jus cuisson, déglacez avec le vinaigre et jetez les carottes, le poivron et l'oignon émincés puis laissez cuire 6 min. Enfin, versez la sauce dans le wok, ajoutez la viande et les tranches d'ananas. Couvrez et laissez mijoter 5 min. Servez bien chaud.

MAGRET EN AIGUILLETTES AUX CERISES

Préparation : 1 h   Cuisson : 50 min   Difficulté : ★★   Coût : €€€

Les ingrédients
pour 4 personnes :

- 2 magrets de canard
- 700 g de cerises burlat
- 50 cl de vin rouge
- 1 bâton de cannelle
- 1 c. à s. de Maïzena®
- 25 g de sucre en poudre
- sel et poivre

1 Dans un wok ou une grande sauteuse, portez à ébullition le vin rouge mélangé à la cannelle et au sucre. Jetez les cerises dénoyautées et retirez du feu. Puis versez dans un plat creux et laissez mariner 6 à 12 h.

2 Faites cuire les magrets 7 min de chaque côté après avoir entaillé leur peau en losanges. Puis, retirez la peau et tranchez les magrets cuits en aiguillettes.

3 Retirez les cerises avec une écumoire et conservez la marinade. Videz la graisse du wok puis remettez les cerises dedans. Ajoutez 10 cl du vin de macération et portez à ébullition.

4 Continuez la cuisson en versant la marinade doucement enrichie de la Maïzena® délayée et faites réduire. Ajoutez les aiguillettes et réchauffez quelques minutes l'ensemble avant de servir. Salez et poivrez.

CANARD AU VINAIGRE BALSAMIQUE

Préparation : 20 min   Cuisson : 30 min   Difficulté : ★   Coût : €€

Les ingrédients
pour 4 personnes :

- 4 cuisses de canard
- 10 cl de vinaigre balsamique
- 500 g de salsifis en conserve
- 4 échalotes
- 1 c. à s. d'estragon
- 1 c. à c. de cannelle
- 2 c. à c. de poivre
- 1 c. à s. d'huile
- sel

1 Coupez les cuisses de canard en deux et roulez les morceaux dans le poivre.

2 Dans un wok ou une grande sauteuse, faites revenir les échalotes émincées dans l'huile pendant 5 min. Puis faites dorer la viande dans les échalotes en les retournant plusieurs fois.

3 Arrosez de vinaigre et saupoudrez d'estragon. Faites réduire de moitié, puis baissez le feu et continuez la cuisson pendant 20 min. Ajoutez les salsifis égouttés et servez bien chaud.

Histoire
Les premiers woks datent du IIe siècle av. J.-C.. Ils étaient alors en fonte.

NASI GORENG

Préparation : 15 min   Cuisson : 25 min   Difficulté : ★   Coût : €

Les ingrédients
pour 4 personnes :

- 4 blancs de poulet
- 200 g de riz thaï
- 2 poireaux
- 2 œufs
- 1 piment
- 2 oignons
- 1 gousse d'ail
- quelques feuilles de coriandre
- 2 c. à s. de sauce soja
- 4 c. à s. d'huile
- sel et poivre

1 Dans une casserole d'eau bouillante salée, faites cuire le riz 9 min. Puis égouttez-le rapidement : il doit rester ferme. Dans une petite poêle huilée, laissez cuire 2 min les œufs battus et découpez l'omelette obtenue en lanières.

2 Frottez le piment sur les blancs de poulet et arrosez-les de sauce soja. Puis dans un wok ou une grande sauteuse huilée, faites cuire les blancs de poulet environ 12 min (retournez à mi-cuisson). Coupez la viande cuite en dés.

3 Émincez les blancs de poireaux, l'ail et les oignons. Versez le tout dans le wok et faites revenir 5 min à feu moyen en mélangeant. Salez et poivrez.

4 Ajoutez le riz, le poulet et l'omelette. Mélangez le tout et servez bien chaud dans des bols que vous pouvez décorer de coriandre.

VERMICELLES DE SOJA AUX CREVETTES

Préparation : 15 min   Cuisson : 5 min   Difficulté : ★★   Coût : €€

Les ingrédients
pour 4 personnes :

- 350 g de crevettes
- 200 g de vermicelles de soja
- 2 tomates mûres
- le jus de 1 citron vert
- 1 tubercule de gingembre
- 2 gousses d'ail
- 2 brins de coriandre
- 1 c. à s. de cacahuètes concassées
- 1 c. à c. de piment
- 1 c. à s. de nuoc-mâm
- 3 c. à s. d'huile d'olive
- 1 c. à c. de sucre

1 Réhydratez les vermicelles en les trempant dans un grand bol rempli d'eau chaude pendant 5 min. Coupez les tomates en dés puis mélangez-les aux vermicelles égouttés et coupés en morceaux. Réservez.

2 Dans un autre bol, mélangez le nuoc-mâm, le jus de citron vert, le sucre, 1 gousse d'ail hachée et le piment. Puis fouettez et versez sur les vermicelles. Parsemez de coriandre ciselée et de cacahuètes. Placez au réfrigérateur 30 min.

3 Dans un wok ou une grande sauteuse, faites revenir la deuxième gousse d'ail et le gingembre râpé. Ajoutez les crevettes décortiquées mais avec la queue. Faites sauter 3 min à feu vif en mélangeant.

4 Disposez côte à côte dans chaque assiette les vermicelles froids et les crevettes chaudes.

POÊLÉE THAÏLANDAISE DE LÉGUMES

Préparation : 25 min   Cuisson : 5 min   Difficulté : ★   Coût : €

Les ingrédients
pour 4 personnes :

- 200 g de brocolis
- 300 g de jeunes carottes
- 200 g de chou chinois
- 150 g de haricots verts
- 200 g de mini-épis de maïs en conserve
- 5 gousses d'ail
- 3 ciboules
- 5 c. à s. de sauce nam pla
- 3 c. à s. de sauce d'huîtres
- 4 c. à s. de vin de riz
- 1 c. à s. de sucre
- 5 c. à s. d'huile d'olive

1 Détaillez les brocolis. Écossez les haricots verts et coupez-les en deux. Égouttez les épis de maïs puis coupez-les en deux une première fois dans le sens de la longueur et une seconde fois dans le sens de la largeur. Coupez ensuite les carottes en quatre. Hachez le chou chinois en fines lanières. Ciselez la ciboule.

2 Dans un wok ou une grande sauteuse, faites revenir dans l'huile l'ail haché pendant 1 min environ. Ajoutez les brocolis, les carottes, le maïs et les haricots verts. Mélangez et faites cuire à feu vif pendant 2 min.

3 Ajoutez le chou et la ciboule, puis versez la sauce nam pla, le sucre, la sauce d'huîtres et enfin le vin de riz. Laissez cuire en mélangeant 1 min. Les légumes doivent être croquants.

TIGRE QUI PLEURE

Préparation : 20 min   Cuisson : 10 min   Difficulté : ★   Coût : €

Les ingrédients
pour 4 personnes :

- 400 g de filets de bœuf
- le jus de 1 citron vert
- 3 piments
- 1 oignon
- 2 gousses d'ail
- 2 tiges de citronnelle
- 2 brins de coriandre
- 4 c. à s. de purée de tamarin
- 2 c. à s. de sauce soja
- 5 c. à s. de sauce nam pla
- 2 c. à s. de sucre roux
- 1 c. à s. d'huile

1 La veille, plongez la viande dans 2 c. à s. de purée de tamarin, l'ail haché, la sauce soja, 2 piments écrasés, 2 c. à s. de sauce nam pla, la citronnelle écrasée et l'huile. Couvrez et faites mariner au réfrigérateur toute la nuit.

2 Le jour même, préparez la sauce en mélangeant dans une casserole à feu doux le jus de citron, le reste de sauce nam pla, le dernier piment écrasé, la purée de tamarin, le sucre, l'oignon et la coriandre émincés.

3 Faites griller la viande quelques minutes (selon votre goût). Puis placez-la dans votre plat de présentation, versez la sauce. Accompagnez de riz gluant ou de légumes sautés au wok.

BAMI DE BALI

Préparation : 40 min   Cuisson : 1 h 10   Difficulté : ★ ★   Coût : €

Les ingrédients
pour 6 personnes :

- 1 poulet
- 300 g de pâtes
- 4 tomates
- 4 courgettes
- 4 carottes
- 4 choux chinois
- 2 oignons
- 2 oignons verts
- 2 gousses d'ail
- 1 piment
- 1 tubercule de gingembre
- ½ botte de coriandre
- 3 c. à s. de sauce soja
- 2 c. à s. de nuoc-mâm
- 5 cl de whisky
- 1 cube de bouillon

1 Décortiquez le poulet cru et coupez-le en dés. Mélangez-le dans un saladier avec l'ail, le piment, le soja et le whisky. Laissez mariner au réfrigérateur 4 h. Faites gonfler les pâtes en les plongeant 1 h dans un bol d'eau chaude.

2 Dans une casserole, mettez la carcasse de poulet, le gingembre haché, les tomates coupées en dés et le bouillon cube. Assaisonnez, puis portez à ébullition et laissez mijoter 1 h à feu doux.

3 Dans une poêle très chaude, faites revenir le poulet égoutté. Ajoutez les oignons et le chou émincés, les courgettes et les carottes coupées en fines rondelles. Mélangez en versant doucement le bouillon.

4 Ajoutez les pâtes, le nuoc-mâm, les oignons verts et la coriandre ciselée. Servez bien chaud.

POULET AUX NOIX DE CAJOU

Préparation : 40 min   Cuisson : 1 h 20   Difficulté : ★ ★   Coût : €€

Les ingrédients
pour 4 personnes :

- 350 g de cuisses de poulet désossées
- 80 g de noix de cajou
- 320 g d'ananas frais
- ½ poivron vert
- ½ poivron rouge
- 4 gousses d'ail
- 1 oignon
- 2 oignons verts
- 1 piment
- 2 c. à s. de noix de coco râpée
- 2 c. à s. de sauce d'huîtres
- 1 c. à s. de sauce nam pla
- 2 c. à c. de sucre
- 2 c. à s. d'huile

1 Préchauffez votre four à 180 °C. Puis disposez la noix de coco sur la plaque de cuisson et faites-la griller 10 min au four en remuant de temps en temps. Elle ne doit pas brûler. Faites de même avec les noix de cajou en les enfournant 15 min. Laissez refroidir.

2 Dans un wok ou une grande sauteuse, faites chauffer l'huile et ajoutez le piment, l'ail et l'oignon émincés. Faites sauter 2 min à feu moyen, puis réservez.

3 Faites cuire les cuisses de poulet et les poivrons coupés en lanières dans le même wok pendant 5 min, puis incorporez le piment, l'ail et l'oignon. Mélangez et ajoutez la sauce d'huîtres, la sauce nam pla, le sucre et l'ananas coupé en morceaux. Laissez cuire 2 min à feu vif. Parsemez de noix de coco, d'oignons verts hachés et de noix de cajou. Servez.

PAVÉ DE LOTTE À LA MANGUE

Préparation : 30 min   Cuisson : 25 min   Difficulté : ★ ★   Coût : €€€

Les ingrédients
pour 4 personnes :

- 800 g de lotte
- 200 g de riz sauvage
- 1 mangue
- 2 citrons
- ½ botte de coriandre
- 2 c. à s. de vinaigre balsamique
- 1 c. à s. de vinaigre xérès
- 1 c. à s. de miel
- 4 c. à s. d'huile d'olive
- sel et poivre

1 Dans une poêle, faites chauffer 2 c. à s. d'huile d'olive et saisissez les morceaux de lotte en les retournant. Disposez 1 citron coupé en rondelles dans un plat allant au four et ajoutez la lotte. Puis, recouvrez l'ensemble de tranches de mangue sur une épaisseur de 1 cm. Laissez mariner environ 2 h au réfrigérateur.

2 Préchauffez votre four à 200 °C. Enfournez le plat pour 15 min.

3 Faites cuire le riz sauvage. Préparez pendant ce temps la vinaigrette en mélangeant le reste de mangue, le vinaigre balsamique, le vinaigre de xérès, le jus de 1 citron, le miel, la coriandre ciselée et 2 c. à s. d'huile d'olive. Salez, poivrez et fouettez jusqu'à l'obtention d'une texture lisse.

4 Servez les pavés de lotte chauds arrosés de vinaigrette sur un lit de riz sauvage.

OYAKO DON

Préparation : 20 min   Cuisson : 20 min   Difficulté : ★ ★   Coût : €

Les ingrédients
pour 2 personnes :

- 100 g de blancs de poulet coupés en dés
- 300 g de riz thaï
- 1 poireau
- 2 œufs
- 1 oignon
- 2 c. à c. de dashi
- 1 c. à s. de sauce soja
- 2 c. à c. de sucre
- sel et poivre

1 Dans une poêle, faites chauffer 25 cl d'eau et 1 c. à c. de dashi. Ajoutez l'oignon et la partie verte du poireau émincés en fines lamelles. Laissez revenir 3 min. Ajoutez alors le poulet, le sucre et la sauce soja. Mélangez.

2 Battez l'œuf dans un bol. Lorsque la viande a changé de couleur, versez doucement l'œuf en commençant vers l'extérieur de la poêle pour rejoindre l'intérieur.

3 Lorsque le contour de l'œuf commence à cuire, éteignez le feu et couvrez. Laissez reposer quelques minutes. La vapeur permet à l'omelette de continuer sa cuisson. Faites cuire le riz.

4 Versez le riz dans un grand bol et recouvrez-le de l'omelette. Salez et poivrez.

BURI DAIKON

Préparation : 30 min   Cuisson : 40 min   Difficulté : ★ ★ ★   Coût : €€

Les ingrédients
pour 4 personnes :

- 4 filets de buri
  (ou un autre poisson)
- 600 g de daikon
  (gros radis ou radis
  noir)
- 1 tubercule de
  gingembre frais
- 1 sachet de dashi
- 2 c. à s. de saké
- 5 c. à s. de sauce soja
- 2 c. à s. de mirin
- 1 c. à s. de sucre

1 Épluchez le daikon et coupez-le en rondelles de 3 cm. Puis divisez chaque rondelle en quatre. Remplissez à moitié une casserole d'eau et ajoutez le daikon coupé. Retirez à ébullition. Laissez refroidir. Enlevez le radis et rincez à l'eau froide. Réservez l'eau de cuisson.

2 Coupez les filets de poisson en gros dés et faites-les cuire 1 min dans une casserole d'eau bouillante. Pour arrêter la cuisson, transférez le poisson dans un saladier de glaçons.

3 Dans une grande casserole, portez à ébullition l'eau du daikon, le dashi, le daikon et le poisson. Enlevez l'écume qui se forme à la surface et ajoutez le saké, le mirin, le gingembre haché et la sauce soja. Couvrez et laissez mijoter à feu doux pendant 30 min.

OKONOMIYAKI

Préparation : 20 min   Cuisson : 15 min   Difficulté : ★ ★   Coût : €

Les ingrédients
pour 2 personnes :

- 125 g de porc
- 3 g de bonite séchée
- 300 g de farine assaisonnée pour okonomiyaki
- 200 g de chou chinois
- 1 c. à s. d'algue ao-nori
- 3 œufs
- 2 ciboules
- 2 c. à s. de gingembre
- 38 cl de dashi
- 13 cl de sauce okonomiyaki (sauce à la prune)
- 2 c. à s. d'huile

1 Préparez une pâte homogène en mélangeant la farine tamisée, le dashi et les œufs. Puis incorporez le chou coupé en lanières et les ciboules ciselées.

2 Faites revenir la viande et coupez-la en tranches. Dans une poêle légèrement graissée ou une crêpière, faites cuire la pâte. À mi-cuisson, ajoutez les tranches de porc et pliez la crêpe.

3 Faites revenir la crêpe environ 2 min de chaque côté. Servez arrosé de sauce okonomiyaki, de bonite, d'algue ao-nori et de gingembre râpé.

Astuce
La bonite est un poisson que vous trouverez aussi sous l'appellation « katsuobushi ».

PAD THAÏ

Préparation : 20 min   Cuisson : 20 min   Difficulté : ★   Coût : €

Les ingrédients
pour 4 personnes :

- 200 g de crevettes crues
- 150 g de porc
- 250 g de nouilles
  de riz
- 90 g de germes de soja
- 2 c. à s. de jus
  de citron vert
- 2 œufs
- 40 g de cacahuètes
  grillées non salées
- 3 gousses d'ail
- 2 c. à c. de piment
- 60 g de ciboulette
- quelques brins de
  coriandre fraîche
- 2 c. à s. de sauce
  de poisson
- 2 c. à c. de cassonade
- 2 c. à s. de sucre
- 2 c. à s. d'huile

1 Décortiquez les crevettes, enlevez l'intestin et hachez-les. Réhydratez les nouilles en les trempant 10 min dans un bol d'eau chaude. Égouttez-les.

2 Dans un wok ou une grande sauteuse, faites chauffer l'huile et ajoutez l'ail, le piment et le porc hachés. Puis incorporez la chair de crevettes et laissez cuire pendant 3 min en mélangeant.

3 Versez les nouilles égouttées et parsemez de ciboulette émincée. Couvrez et laissez mijoter 2 min. Puis, ajoutez la sauce de poisson, le sucre, les œufs et le jus du citron vert. Mélangez et laissez cuire quelques minutes.

4 Parsemez de germes de soja, de coriandre ciselée, de cassonade, et de cacahuètes hachées, puis servez.

BŒUF TERIYAKI

Préparation : 10 min   Cuisson : 6 min   Difficulté : ★   Coût : €

Les ingrédients
pour 4 personnes :

- 4 steaks de
  surlonge de 225 g
- 1 c. à s. de saké
- 2 c. à s. de sauce soja
- 3 c. à s. de mirin
- 1 c. à s. d'huile
- sel

1 Salez la viande de chaque côté afin de la libérer de son jus. Huilez très légèrement une poêle bien chaude et faites revenir le bœuf à feu vif pendant 3 min et 1 min de l'autre. Puis arrosez de saké et laissez cuire 2 min. Réservez.

2 Déglacez la poêle avec le mirin et la sauce soja. Puis faites revenir rapidement la viande dans cette sauce (environ 20 s de chaque côté).

3 Coupez la viande et préparez les brochettes.

Idée
Décorez les assiettes de moutarde japonaise.

POULET AU CURRY VERT

Préparation : 30 min   Cuisson : 20 min   Difficulté : ★ ★   Coût : €

Les ingrédients
pour 6 personnes :

- 1 kg de blancs de poulet
- 150 g d'aubergines sauvages thaïs
- 2 feuilles de kaffir
- 2 c. à s. de jus de citron vert
- 80 cl de lait de coco
- 2 oignons verts
- 1 piment oiseau
- ½ botte de coriandre
- ½ botte de basilic
- 75 g de pâte de curry vert
- 2 c. à s. de sauce de poisson
- 1 c. à s. de sucre roux
- sel et poivre

1 Dans un wok ou une grande sauteuse, portez à ébullition la pâte de curry, le lait de coco et les feuilles de kaffir. Baissez le feu, mélangez et laissez mijoter 5 min à feu moyen.

2 Détaillez les blancs de poulet et faites-les dorer dans une poêle. Puis, incorporez-les à la sauce du wok et ajoutez la sauce de poisson, le jus de citron, le sucre, les oignons et les aubergines sauvages coupées en dés. Laissez cuire 5 min à feu doux.

3 Saupoudrez de coriandre et de basilic ciselés. Ajoutez le piment au moment de servir. Salez et poivrez.

CANARD LAQUÉ

Préparation : 30 min   Cuisson : 1 h 40   Difficulté : ★ ★   Coût : €€

Les ingrédients
pour 6 personnes :

- 1 canard de Barbarie prêt à cuire d'environ 2,5 kg
- 2 gousses d'ail
- 1 c. à s. de cinq-parfums
- 5 c. à s. de sauce soja
- 1 c. à s. de vinaigre d'alcool
- 3 c. à s. de miel
- 1 c. à s. de Maïzena®
- 1 c. à c. d'huile
- 5 gouttes de colorant rouge

1 La veille, hachez finement l'ail. Puis confectionnez la sauce en mélangeant pendant 5 min tous les ingrédients (sauf le canard).

2 Avec une fourchette, trouez la peau du canard à plusieurs reprises. Puis placez la viande dans un plat à rôtir et badigeonnez-la de sauce. Laissez mariner au réfrigérateur toute la nuit.

3 Le jour même, préchauffez votre four à 200 °C et versez un peu d'eau dans la lèchefrite pour éviter au jus de cuisson de brûler. Puis enveloppez le canard de papier d'aluminium et embrochez-le. Enfournez pour 1 h.

4 Retirez le canard et enlevez la papillote d'aluminium. Puis baissez la température du four à 180 °C et prolongez la cuisson de 40 min en badigeonnant le canard du reste de la sauce toutes les 10 min.

CURRY ROUGE DE CREVETTES

Préparation : 20 min   Cuisson : 15 min   Difficulté : ★   Coût : €

Les ingrédients
pour 2 personnes :

- 500 g de crevettes cuites
- 1 courgette
- 20 cl de lait de coco
- 1 oignon
- 2 brins de coriandre
- 1 c. à s. de pâte de curry rouge
- 1 c. à c. de sauce de poisson
- 1 c. à s. de sauce soja
- 1 c. à s. de sucre
- 1 c. à s. d'huile
- sel

1 Décortiquez les crevettes et enlevez l'intestin. Coupez la courgette en fines tranches et faites-la blanchir en la jetant 2 min dans de l'eau bouillante salée.

2 Dans un wok ou une grande sauteuse, faites chauffer l'huile puis ajoutez la pâte de curry rouge et l'oignon émincé. Laissez mijoter 2 min et versez le lait de coco, la sauce de poisson, la sauce soja et le sucre. Portez à ébullition.

3 Ajoutez les crevettes et la courgette. Réchauffez à feu moyen pendant 3 min et saupoudrez de coriandre ciselée.

PAKORAS DE CREVETTES

Préparation : 20 min   Cuisson : 15 min   Difficulté : ★   Coût : €€

Les ingrédients
pour 4 personnes :

- 500 g de crevettes cuites
- 75 g de farine de pois chiches
- 1 tomate
- 1 oignon
- 1 gousse d'ail
- quelques feuilles de coriandre
- 1 c. à s. de gingembre râpé
- 1 c. à c. de curry
- 10 cl d'huile
- sel et poivre

1 Dans un grand saladier, mélangez la tomate coupée en petits dés, la coriandre ciselée, l'oignon émincé, le gingembre et l'ail hachés.

2 Décortiquez les crevettes et enlevez l'intestin. Coupez-les en petits morceaux et versez-les dans le saladier. Ajoutez le curry et la farine de pois chiches.

3 Salez, poivrez, mélangez et formez des petites boulettes. Chauffez l'huile dans un wok ou une grande sauteuse et plongez les pakoras de crevettes jusqu'à ce qu'ils soient dorés. Puis posez-les sur du papier absorbant avant de servir encore chaud.

SAN PAÏ

Préparation : 15 min   Cuisson : 40 min   Difficulté : ★   Coût : €

Les ingrédients
pour 4 personnes :

- 4 cuisses de poulet
- 1 tête d'ail
- 1 tubercule de gingembre
- ½ botte de basilic
- 20 cl de sauce soja
- 2 morceaux de sucre
- 2 c. à s. de farine
- 3 c. à s. d'huile d'olive
- sel et poivre

1 Dans une cocotte, faites revenir avec l'huile d'olive les cuisses de poulet roulées dans la farine. Ajoutez le gingembre râpé et les gousses d'ail pelées entières.

2 Lorsque l'ensemble est bien doré, versez la sauce soja et jetez les morceaux de sucre. Laissez mijoter à feu doux environ 30 min. Si la sauce vous semble trop épaisse, vous pouvez ajouter un peu d'eau. Mélangez.

3 Salez et poivrez. Servez en décorant chaque assiette de feuilles de basilic.

Histoire
Le san païest un plat taïwanais typique, traditionnellement servi avec du riz à la vapeur.

CUISSES DE GRENOUILLES AU CURRY

Préparation : 20 min   Cuisson : 30 min   Difficulté : ★   Coût : €€€

Les ingrédients
pour 4 personnes :

- 1 kg de cuisses de grenouilles
- 50 cl de lait de coco
- 1 oignon
- 2 gousses d'ail
- 3 brins de citronnelle
- 5 clous de girofle
- 1 bâton de cannelle
- 3 anis étoilés
- 5 c. à s. de curry
- 50 cl de bouillon de volaille
- 2 c. à s. d'huile

1 Placez dans un plat creux les cuisses de grenouilles nettoyées dans 3 c. à s. de curry, 1 gousse d'ail écrasée et un demi-oignon émincé. Laissez mariner 20 min.

2 Dans une grande poêle, faites revenir le reste de l'oignon et la deuxième gousse d'ail dans 2 c. à s. d'huile. Puis ajoutez les clous de girofle, l'anis, la cannelle, le reste de curry, la citronnelle et enfin les cuisses de grenouilles. Mélangez et laissez cuire 4 min.

3 Versez 25 cl de lait de coco et le bouillon de volaille. Faites mijoter à feu moyen 25 min. Puis versez le reste du lait de coco, mélangez et éteignez le feu.

4 Parsemez quelques feuilles de coriandre et servez le plat accompagné de riz thaï.

GÂTEAU DE SEMOULE INDIEN

Préparation : 20 min   Cuisson : 20 min   Difficulté : ★   Coût : €€

Les ingrédients
pour 4 personnes :

- 125 g de semoule de blé fine
- 100 g de beurre fondu ou de ghee
- 25 cl de lait
- 100 g de sucre de canne
- 1 sachet de sucre vanillé
- 20 raisins blonds
- 10 noix de cajou
- 5 graines de cardamome
- 10 pistils de safran

1 Écrasez les graines de cardamome pour les réduire en poudre. Dans une casserole, faites revenir tout en mélangeant les raisins et la semoule dans 2 c. à s. de beurre fondu ou de ghee.

2 Versez le lait petit à petit dans la casserole. Ajoutez le sucre de canne, le sucre vanillé, les pistils de safran puis la cardamome moulue. Mélangez bien. Continuez de faire cuire la semoule à petit feu. Lorsqu'elle semble compacte, versez le reste de beurre ou de ghee jusqu'à ce qu'elle se détache de la casserole. Hors du feu, mélangez bien tous les ingrédients.

3 Beurrez un moule à gâteau et versez dedans la semoule en tassant bien à l'aide d'une cuillère. Tracez légèrement à la pointe du couteau des lignes pour former des losanges. Décorez chaque losange avec 1 noix de cajou. Laissez refroidir.

4 Lorsque le gâteau de semoule a refroidi, coupez en losange et servez froid ou réchauffé.

BANANES À L'ORANGE FLAMBÉES AU RHUM

Préparation : 10 min   Cuisson : 15 min   Difficulté : ★   Coût : €

Les ingrédients
pour 6 personnes :

- 6 bananes
- le jus de 1 orange
- 10 cl de rhum
- 60 g de sucre roux
- 70 g de beurre

1 Préchauffez votre four à 240 °C. Dans une poêle, caramélisez le sucre en ajoutant 1 c. à s. d'eau et 60 g de beurre. Mélangez. Puis, délayez avec le jus de l'orange et laissez chauffer à feu doux pendant 2 min.

2 Dans un plat beurré allant au four, disposez les bananes pelées. Versez la sauce à l'orange et enfournez pour 12 min en arrosant régulièrement les fruits avec le jus de cuisson.

3 Versez le rhum sur les bananes cuites, faites-le flamber et servez aussitôt.

RIZ AU COCO

Préparation : 10 min   Cuisson : 15 min   Difficulté : ★   Coût : €

Les ingrédients
pour 6 personnes :

- 400 g de riz
- 50 cl de lait de coco

1 Faites cuire le riz dans une grande casserole d'eau bouillante pendant 5 min à feu moyen. Puis rincez le riz cuit à l'eau claire. Jetez l'eau et renouvelez l'opération jusqu'à ce que l'eau soit parfaitement limpide.

2 Versez le double du volume de riz en eau et lait de coco dans une casserole. Placez le riz dedans. Laissez cuire environ 10 min.

3 Servez dans des verrines après avoir laissé reposer le riz au réfrigérateur 30 min.

SORBET AU THÉ VERT

Préparation : 15 min   Difficulté : ★   Coût : €

Les ingrédients
pour 6 personnes :

- 50 cl de lait de soja
- 200 g de sucre
- 6 c. à s. de poudre de thé matcha

1 Dans une casserole, mélangez le lait de soja, 180 g de sucre et 50 cl d'eau. Portez à ébullition et laissez refroidir.

2 Dans une petite casserole, tamisez le thé matcha et ajoutez 20 g de sucre. Faites chauffer 2 min. Puis, versez le sirop tiède dans la préparation.

3 Placez dans la sorbetière et laissez prendre.

Idée

Vous pouvez décorer vos coupes de sorbet avec des feuilles de menthe fraîche.

TARO LAOTIEN

Préparation : 15 min   Cuisson : 30 min   Difficulté : ★   Coût : €

Les ingrédients
pour 4 personnes :

- ½ petit taro
- 3 c. à s. de haricots mungo secs
- 4 c. à s. de perles de tapioca
- 20 cl de lait coco
- 2 c. à s. de sucre de palme
- 2 c. à s. de sucre semoule blanc

1 Dans une petite casserole remplie d'eau, faites cuire les haricots mungo pendant 15 min. Puis épluchez et découpez le taro en dés de 5 mm.

2 Faites tremper les perles de tapioca 10 min dans un bol d'eau froide. Dans une grande casserole, versez un verre d'eau et portez à ébullition. Ajoutez le taro et poursuivez la cuisson 5 min à feu doux.

3 Versez le lait de coco et les perles de tapioca égouttées. Puis laissez cuire en mélangeant environ 5 min. Il faut que les perles deviennent translucides.

4 Ajoutez enfin les haricots mungo cuits, le sucre de palme et le sucre semoule. Laissez sur le feu encore 3 min puis laissez tiédir et servez.

FINANCIERS AU THÉ VERT

Préparation : 20 min   Cuisson : 20 min   Difficulté : ★ ★   Coût : €

Les ingrédients
pour 24 pièces :

- 200 g de sucre glace
- 80 g de farine
- 200 g de beurre
- 80 g de poudre d'amandes
- 6 blancs d'œufs
- 1 c. à s. de thé vert en poudre

1 Préchauffez votre four à 180 °C. Dans une petite casserole, faites fondre le beurre, puis laissez-le refroidir.

2 Fouettez les blancs d'œufs dans un saladier jusqu'à ce qu'ils soient mousseux et ajoutez le sucre glace, la poudre d'amandes et le thé vert. Mélangez.

3 Versez le beurre fondu doucement dans le saladier tout en continuant à mélanger.

4 Beurrez les moules à financiers et remplissez-les de pâte. Enfournez pour 15 min. Puis démoulez les financiers dans un plat et laissez tiédir avant de servir.

ANANAS EN PAPILLOTES À LA CANNELLE

Préparation : 10 min   Cuisson : 30 min   Difficulté : ★   Coût : €

Les ingrédients
pour 4 personnes :

- 1 boîte de conserve d'ananas en tranches
- 4 c. à s. de cannelle en poudre
- 20 g de sucre en poudre
- 10 cl de rhum
- 10 cl de sirop de sucre de canne

1 Préchauffez votre four à 180 °C et préparez 4 grands carrés de papier sulfurisé.

2 Mélangez dans un verre le rhum et le sucre de canne. Au centre de chaque carré de papier sulfurisé, disposez 3 tranches d'ananas égouttées.

3 Saupoudrez de cannelle et arrosez du mélange rhum et sirop de sucre de canne. Vous pouvez également ajouter du sucre en poudre.

4 Repliez les papillotes et attachez-les de fil de cuisine. Puis enfournez pour 30 min. Servez tiède.

CRÈME À LA MANDARINE ET AU THÉ

Préparation : 30 min   Cuisson : 50 min   Difficulté : ★★   Coût : €

Les ingrédients
pour 4 personnes :

- 10 mandarines
- 2 œufs entiers
- 3 jaunes d'œufs
- 40 g de beurre
- 10 cl de crème liquide
- 10 cl de thé earl grey infusé très fort
- 110 g de sucre

1 Préchauffez votre four à 120 °C. Pressez les mandarines et prélevez les zestes.

2 Dans une casserole, mélangez les œufs entiers ainsi que les jaunes, la crème liquide, le thé, le beurre en morceaux, le sucre, les zestes et le jus des mandarines. Faites cuire à feu doux pendant 5 min sans cesser de mélanger.

3 Puis retirez du feu et versez la préparation dans des coupelles. Enfournez pour 45 min au bain-marie.

4 Sortez les crèmes du four et laissez refroidir 30 min avant de les servir avec des biscuits secs.

CRÈME BRÛLÉE AUX LITCHIS

Préparation : 10 min   Cuisson : 15 min   Difficulté : ★   Coût : €€

Les ingrédients
pour 4 personnes :

- 560 g de litchis
- 3 œufs
- 400 g de lait concentré sucré
- 20 cl de lait
- 2 c. à s. de fécule de pommes de terre
- 100 g de sucre
- 2 c. à s. de sucre roux

1 Décortiquez les litchis en récupérant le jus. Délayez la fécule dans le jus de litchis. Ajoutez les œufs, le lait, le sucre et le lait concentré sucré. Mélangez jusqu'à obtenir une crème homogène.

2 Coupez les litchis en quatre et répartissez-les dans de petites cassolettes.

3 Faites chauffer la crème dans une casserole à feu doux. Retirez du feu au début de l'ébullition et versez sur les litchis dans les cassolettes. Lissez et placez au réfrigérateur 3 h.

4 Au moment de servir, saupoudrez de sucre roux. Puis flambez les crèmes au chalumeau afin de caraméliser le sucre.

MINIGRATINS DE PAMPLEMOUSSES ROSES

Préparation : 20 min   Cuisson : 10 min   Difficulté : ★   Coût : €

Les ingrédients
pour 6 personnes :

- 4 pamplemousses roses
- 80 g de sucre en poudre
- 4 jaunes d'œufs
- le jus d' ½ citron
- 20 cl de muscat
- 2 c. à s. de Grand Marnier®

1 Préchauffez le four en position gril. Épluchez les pamplemousses, découpez-les en quartiers en enlevant toutes les membranes et disposez-les dans 6 ramequins allant au four.

2 Mélangez les œufs, le sucre, le muscat et le jus de citron dans une casserole. Faites chauffer à feu doux tout en continuant de fouetter jusqu'à ce que la pâte mousse et ait triplé de volume.

3 Retirez du feu et ajoutez le Grand Marnier®. Mélangez, puis versez sur les pamplemousses.

4 Enfournez les ramequins 6 min. Servez chaud.

MALAI AM

Préparation : 10 min   Difficulté : ★   Coût : €

Les ingrédients
pour 4 personnes :

- 400 g de pulpes de mangues
- 20 cl de crème liquide
- 2 c. à c. de sucre en poudre

1 Fouettez énergiquement la crème liquide avec le sucre jusqu'à ce qu'elle monte en chantilly.

2 Ajoutez délicatement la pulpe de mangues. Puis, répartissez le dessert dans quatre coupes et placez-les au réfrigérateur 30 min. Servez bien frais.

Idée
Vous pouvez ajouter 1 c. à c. de cardamome en poudre dans la crème avant de la monter en chantilly.

FORTUNE COOKIES

Préparation : 40 min   Cuisson : 7 min   Difficulté : ★ ★   Coût : €

Les ingrédients
pour 10 pièces :

- 130 g de beurre
- 3 blancs d'œufs
- 125 g de farine
- 150 g de sucre en poudre
- ½ c. à c. d'arôme de vanille
- ½ c. à c. d'extrait d'amandes

1 Préchauffez votre four à 190 °C. Beurrez deux plaques de cuisson ou recouvrez-les de papier sulfurisé. Préparez de petits messages sur de fines bandes de papier.

2 Faites fondre 115 g de beurre et laissez refroidir. Dans un saladier, battez les blancs d'œufs avec le sucre pendant 2 min. Lorsque le mélange est mousseux, ajoutez le beurre fondu, l'arôme de vanille, l'extrait d'amandes, 3 cl d'eau et la farine. Mixez l'ensemble.

3 À l'aide d'une spatule, disposez des cercles de pâtes d'environ 7 cm de diamètre. Les cookies doivent être suffisamment espacés afin qu'ils ne se touchent pas à la cuisson.

4 Enfournez 7 min. Les bords des gâteaux commencent à dorer. Sortez-les du four et placez un message au centre de chacun. Puis, pliez le cookie en deux. Laissez refroidir et durcir avant de servir.

TOMBE LA PLUIE DU JARDIN DE L'ONCLE 9

Préparation : 40 min   Cuisson : 20 min   Difficulté : ★   Coût : €

Les ingrédients
pour 6 personnes :

- 200 g de tapioca
- 3 bananes mûres
- 20 cl de lait de coco
- 1 poignée de cacahuètes écrasées
- 150 g de sucre en poudre

1 Trempez le tapioca dans un bol d'eau tiède pendant 30 min et égouttez-le.

2 Dans une casserole, faites chauffer le lait de coco. Ajoutez les bananes coupées en rondelles. Couvrez et laissez chauffer à feu doux 10 min.

3 Incorporez le sucre et le tapioca. Lorsque la pâte commence à bouillir, retirez du feu mais laissez le couvercle quelques minutes. Le tapioca se transforme en « perles ».

4 Servez froid ou chaud dans des coupelles et décorez avec des cacahuètes.

BUBBLE TEA

Préparation : 10 min   Cuisson : 5 min   Difficulté : ★   Coût : €

Les ingrédients
pour 1 personne :

- 30 g de perles de tapioca
- 25 cl de lait
- 1 sachet de thé noir
- 4 c. à s. de sucre brun

1 Dans une casserole faites bouillir 10 cl de lait et le sucre. Ajoutez à ébullition les perles de tapioca et laissez cuire 15 min à feu doux en mélangeant régulièrement.

2 Retirez du feu et laissez reposer 30 min puis ajoutez le lait restant.

3 Faites infuser le sachet de thé dans la préparation pendant 5 min.

4 Versez dans un grand verre, ajoutez des glaçons et accompagnez d'une paille.

Idée

Vous pouvez varier les parfums (pêche, menthe, agrumes) et les liquides (lait de coco, de soja, eau).

BEIGNETS DE LITCHIS

Préparation : 30 min   Cuisson : 10 min   Difficulté : ★   Coût : €

Les ingrédients
pour 4 personnes :

- 380 g de litchis
- 125 g de sucre
- 4 c. à s. de farine
- 20 g d'amandes en poudre
- 2 œufs
- 15 cl de crème liquide
- 1 gousse de vanille
- 3 c. à s. de graines de sésame
- 30 g de beurre
- 20 cl d'huile de friture

1 Épluchez ou égouttez les litchis. Enlevez les noyaux. Dans un saladier, fouettez le sucre, le beurre et les grains de vanille jusqu'à ce que vous obteniez un liquide mousseux.

2 Séparez les blancs des jaunes d'œufs. Ajoutez les jaunes d'œufs, la farine, la crème fraîche et les amandes dans le saladier. Mélangez le tout. Lorsque la pâte est homogène, ajoutez les blancs d'œufs battus en neige.

3 Faites chauffer la friteuse. Plongez les litchis dans la pâte, puis faites-les frire dans l'huile bouillante quelques minutes.

4 Parsemez de graines de sésames. Servez chaud.

THÉ CHAI

Préparation : 45 min   Cuisson : 1 h   Difficulté : ★   Coût : €

Les ingrédients
pour 4 personnes :

- 1 l de lait
- 20 g de thé noir
- 10 g de thé vert
- 1,5 bâton de cannelle
- 10 clous de girofle
- 10 graines de cardamome
- 10 grains de poivre
- 2 anis étoilés
- 1 petit morceau de tubercule de gingembre
- 100 g de sucre en poudre

1 Dans une casserole, faites revenir à sec (sans les brûler) la cannelle, les clous de girofle, la cardamome, le poivre et l'anis étoilés.

2 Ajoutez le gingembre râpé et couvrez avec 1 l d'eau. Laissez mijoter à feu très doux pendant 1 h.

3 Dans une autre casserole, faites réduire à feu doux le lait et le sucre pendant 30 min.

4 Faites infuser le thé noir et le thé vert 15 min dans l'eau épicée puis passez la préparation au chinois. Servez dans chaque tasse 2/3 de thé épicé et 1/3 de lait sucré.

FLAN THAÏLANDAIS

Préparation : 5 min   Cuisson : 15 min   Difficulté : ★   Coût : €

Les ingrédients
pour 4 personnes :

- 2 œufs
- 25 cl de lait écrémé
- 250 g de lait concentré non sucré
- 16 c. à c. de noix de coco râpée
- 4 c. à s. de sucre

1 Dans un saladier, battez les œufs avec le sucre et le lait.

2 Ajoutez la noix de coco et mélangez. Puis versez la pâte dans 4 ramequins allant au four à micro-ondes.

3 Faites cuire 15 min dans votre four à micro-ondes en mélangeant à mi-cuisson. Attendez que le flan refroidisse avant de le servir.

PERLES DU JAPON COCO ET À LA BANANE

Préparation : 10 min   Cuisson : 20 min   Difficulté : ★   Coût : €

Les ingrédients
pour 5 personnes :

- 100 g de perles de tapioca ou perles du Japon
- 3 bananes
- 50 cl de lait de coco
- 75 g de sucre en poudre

1 Faites chauffer dans une casserole le lait de coco, le sucre, 25 cl d'eau et les perles de tapioca. Laissez cuire 15 min à feu moyen.

2 Ajoutez les bananes épluchées et coupées en rondelles. Poursuivez la cuisson encore 5 min.

3 Répartissez dans 5 ramequins et servez tiède.

Histoire

Les perles de tapioca sont fabriquées avec de la farine de manioc, les perles du Japon quant à elle sont issues de la fécule de pomme de terre.

BOULES DE COCO

Préparation : 30 min   Cuisson : 1 h 25   Difficulté : ★ ★ ★   Coût : €€

Les ingrédients
pour 5 personnes :

- 100 g de graines de soja jaunes
- 200 g de noix de coco râpée
- 25 cl de lait de coco non sucré
- 200 g de farine de riz gluant
- 60 g de farine de blé
- ½ sachet de levure chimique
- 190 g de sucre en poudre
- sel

1 Faites tremper les graines de soja jaune dans un bol d'eau tiède pendant 2 h. Puis rincez-les et faites-les cuire à la vapeur 45 min. À l'aide d'une fourchette, écrasez-le et ajoutez 65 g de sucre, 100 g de noix de coco râpée et une pincée de sel. Mixez. Vous devez obtenir une pâte malléable. Réalisez des petites boules d'environ 2,5 cm de diamètre.

2 Dans un saladier, mélangez les farines, la levure et le sucre restant fondu dans le lait de coco. Faites cuire la pâte obtenue à la vapeur pendant 30 min. Puis enrobez de cette pâte les boules de soja jaune.

3 Enveloppez les boules dans du film alimentaire et travaillez-les à la main afin qu'elles soient bien rondes.

4 Retirez le film et déposez les boules sur du papier sulfurisé. Faites cuire à la vapeur 10 min. Puis, roulez les boules dans le reste de noix de coco râpée et servez tiède.

Index

Crédits photographiques : Studio Guy Renaux
Conception graphique : Nicolas Galy pour www.noook.fr
Textes : Joséphine Lacasse
Secrétariat d'édition : Charlotte Bourgeois

Merci à EKOBO pour la vaisselle en bambou.

Dépôt légal : mai 2011
Achevé d'imprimer en France chez Pollina en avril 2011 - L22897A
ISBN : 978-2-35985-040-6